Rüdiger Bertram • Katja Königsberg
Ursel Scheffler • Ingrid Uebe

Echte Kinderklassiker für Erstleser

Aladin • Münchhausen
Reise um die Erde • Peter Pan

Mit Bildern von Rolf Bunse,
Betina Gotzen-Beek, Franziska Harvey
und Markus Spang

D1729673

Ravensburger Buchverlag

Bibliografische Information der Deutschen Nationalbibliothek:

Die Deutsche Nationalbibliothek verzeichnet diese Publikation
in der Deutschen Nationalbibliografie.
Detaillierte bibliografische Daten sind im Internet
über **http://dnb.d-nb.de** abrufbar.

2 3 4   16 15 14

Diese Ausgabe enthält die Bände
„Antoine Galland, Aladin und die Wunderlampe",
nacherzählt von Katja Königsberg,
mit Illustrationen von Betina Gotzen-Beek,
„Gottfried August Bürger, Die Abenteuer des Barons von Münchhausen",
nacherzählt von Ingrid Uebe, mit Illustrationen von Markus Spang,
„Jules Verne, Reise um die Erde in 80 Tagen",
nacherzählt von Ursel Scheffler,
mit Illustrationen von Franziska Harvey,
„James M. Barrie, Peter Pan", nacherzählt von Rüdiger Bertram,
mit Illustrationen von Rolf Bunse.
© 2009 und 2010 Ravensburger Buchverlag Otto Maier GmbH

Ravensburger Leserabe
© 2013 Ravensburger Buchverlag Otto Maier GmbH
für die vorliegende Ausgabe

Umschlagbild: diebeamten.de/Anja Langenbacher und Reinhard Raich,
unter Verwendung von Illustrationen von Rolf Bunse, Betina Gotzen-Beek,
Franziska Harvey und Markus Spang
Umschlagkonzeption: Sabine Reddig

Printed in Germany

ISBN 978-3-473-36417-6

www.ravensburger.de
www.leserabe.de

Inhalt

Antoine Galland

Aladin
und die Wunderlampe

Nacherzählt von Katja Königsberg

Mit Bildern von Betina Gotzen-Beek

Inhalt

Der böse Zauberer

In einem fernen Land lebte vor langer
Zeit ein armer Schneider. Der hatte einen
Sohn mit Namen Aladin. Eigentlich sollte
der Junge seinem Vater in der Werkstatt
helfen. Er hatte jedoch nichts als Unsinn
im Kopf. So oft wie möglich rannte er
heimlich davon und vergnügte sich mit
seinen Freunden auf dem Basar.
Als Aladins Vater starb, musste die Mutter
für das tägliche Brot sorgen. Sie saß von
morgens bis abends am Spinnrad. Aber
sie verdiente nur wenig und weinte sich
nachts oft vor Kummer in den Schlaf.

Wenn Aladin das Schluchzen hörte, nahm
er sich jedes Mal vor, sich zu bessern
und ihr zu helfen. Aber am nächsten
Morgen sprang er doch wieder mit seinen
Freunden auf dem Basar herum und kam
nur zum Essen nach Hause.
Zur selben Zeit lebte mitten in Afrika
ein böser Zauberer. Der konnte Berge
versetzen und in den Sternen lesen.
Außerdem besaß er ein Fernrohr, mit dem
er Menschen und Dinge auf und unter der
Erde zu beobachten vermochte.
Eines Tages entdeckte der Zauberer
mithilfe seines Fernrohrs das Land, wo
Aladin lebte, und darin drei Schatzhöhlen.
Alle enthielten kostbare Dinge. In der
dritten jedoch lag eine Wunderlampe, die
vom mächtigsten aller Geister bewohnt
wurde.
Weil dieser Geist dem Besitzer der Lampe

alle Wünsche erfüllen musste, wollte
der Zauberer sie um jeden Preis haben.
Er befragte also die Sterne und seine
Zauberbücher und fand heraus, dass
nur ein Junge namens Aladin, der Sohn
einer armen Witwe, die drei Schatzhöhlen
betreten und die Wunderlampe aus der
letzten herausholen konnte. Da machte er
sich eilig auf, um den Jungen zu finden.
Überall fragte er nach Aladin und
brachte dabei allerlei Geschichten aus
dessen Familie in Erfahrung. Schließlich
entdeckte er den Jungen, als dieser
gerade mit seinen Freunden die Händler
auf dem Basar ärgerte.

Der Zauberer trat auf ihn zu, umarmte
und küsste ihn und sagte: „Bist du nicht
Aladin, der Sohn des Schneiders?"
„Ja", antwortete der Junge, „aber mein
Vater lebt nicht mehr."

Sofort rollten dem Zauberer dicke Tränen
über die Wangen.

„Warum weint Ihr, Herr? Habt Ihr meinen
Vater gekannt?", fragte Aladin erstaunt.

„Dein Vater war mein Bruder", schluchzte
der Zauberer. „Ach, führe mich doch
zu deiner Mutter, damit wir unser
Wiedersehen feiern!" Dann ging er
von Stand zu Stand und kaufte allerlei
Leckerbissen.

Aladins Mutter wollte zuerst nicht glauben, dass der fremde Mann der Bruder ihres verstorbenen Mannes war. Der Zauberer erzählte ihr jedoch allerlei fein ersonnene Lügen. In die ließ er einfließen, was er vorher über die Familie erfahren hatte.

Als sie beim Essen saßen, fragte er Aladin: „Welches Handwerk hast du gelernt, mein Junge?"

Aladin senkte beschämt den Kopf und antwortete: „Gar keins, lieber Onkel!"

„Das ist eine Schande!", rief der Zauberer. „Du bist doch nun fast ein Mann und musst dir einen Beruf suchen! Welcher würde dir denn gefallen? Möchtest du Schneider werden wie dein Vater? Oder lieber Schmied? Oder Bäcker? Oder Kaufmann?"

„Ja, Kaufmann!", rief Aladin. „Das würde mir gefallen!"

„Abgemacht!", sagte der Zauberer. „Gleich morgen früh werde ich dich abholen und dir auf dem Basar einen schönen Anzug anfertigen lassen, ganz so, wie es sich für einen Kaufmann gehört."
Aladin war einverstanden, und seine Mutter bedankte sich bei dem vermeintlichen Bruder ihres Mannes.

Die Schatzhöhlen

Früh am nächsten Morgen ging der
Zauberer mit Aladin auf den Basar. In der
Gasse der Schneider ließ er ihm einen
schönen Anzug machen. Dann führte
er den herausgeputzten Jungen durch
die Palastgärten bis weit vor die Tore
der Stadt. Vergnügt ging Aladin mit. So
weit fort von zu Hause war er noch nie
gewesen!

Sie wanderten weiter und weiter und
gelangten in eine kahle Gegend ohne
Bäume und Blumen, aber voller Steine
und Felsbrocken.

Aladin war müde und durstig geworden.

„Wohin gehen wir eigentlich?", fragte er.

„Ich will lieber umkehren. Mir tun die Füße
weh!"

Aber der Zauberer trieb ihn erbarmungslos
vor sich her: „Wir wollen zu einem ganz
besonderen Ort. Dort liegen Schätze, wie
sie nicht einmal der Sultan besitzt."

Endlich machten sie halt. Der Zauberer
entzündete ein Feuer, warf Kräuter hinein
und murmelte geheimnisvolle Worte.
Aladin fürchtete sich sehr und wäre am
liebsten fortgelaufen. Da tat sich plötzlich
die Erde auf und unter Donnergetöse
öffnete sich vor seinen Füßen eine tiefe
Felsspalte.

Der Zauberer packte den Jungen an der
Schulter und hielt ihn mit eisernem Griff
fest. Er steckte ihm einen dicken Ring
an den Finger und sagte: „Ich lasse dich

jetzt mit einem Seil hinab in die Schlucht. Unten wirst du eine Platte aus Marmor finden. Wie es weitergeht, erfährst du noch."

Zitternd ließ Aladin alles mit sich geschehen. Auf dem Boden der Schlucht fand er tatsächlich eine Platte, in die ein Metallring eingelassen war.

Über ihm erklang die Stimme des Zauberers: „Zieh an dem Ring und hebe die Platte! Sprich dabei den Namen deines Vaters und deiner Mutter!"

„Ich bin viel zu schwach, Onkel!", rief
Aladin. „Komm herunter und hilf mir!"
„Du bist der einzige Mensch, der diese
Platte heben kann", sagte der Zauberer
streng. „Also tu, was ich verlange!"
Da gehorchte der Junge und schaffte es
wirklich, die Platte zu heben. Ein düsterer
Gang mit vielen Stufen führte in die Tiefe.
„Steig gleich hinab!", rief der Zauberer.
„Der Gang leitet dich zu drei Schatzhöhlen.
In der ersten stehen viele Krüge voller
Goldstücke. Aber du darfst sie nicht
anrühren. Hast du gehört?"
„Ja, Onkel."

„In der zweiten Höhle findest du einen
Garten voller Bäume und Blumen aus
Edelsteinen. Auch davon darfst du dir jetzt
noch nichts nehmen. Verstanden?"
„Ja, Onkel."

„In der dritten Höhle siehst du einen
großen Steinblock. Darauf steht eine
alte Lampe. Die bringst du mir. Zur
Belohnung darfst du dir auf dem Rückweg
in der zweiten Höhle ein paar Edelsteine
pflücken. Und in der ersten Höhle kannst
du so viele Goldstücke einstecken,
wie du tragen kannst."

„Ach, Onkel, ich fürchte mich!", rief Aladin nach oben.

Der Zauberer antwortete: „Hab keine Angst! Wer die Lampe in seinem Besitz hat, darf die Schätze ungestraft berühren. Solltest du trotzdem in irgendeine Gefahr geraten, dann reibe einfach an dem Ring, den ich dir an die Hand gesteckt habe."

Mit einem Seufzer machte sich Aladin auf den Weg und fand alles, wie der Zauberer es beschrieben hatte. Die Goldstücke in der ersten Höhle leuchteten so hell wie die Sonne. Trotzdem rührte Aladin sie nicht an. Auch an den schimmernden Edelsteinen in der zweiten Höhle lief er vorbei. In der dritten Höhle fand er tatsächlich eine alte, zerbeulte Lampe. Kopfschüttelnd steckte er sie in die Tasche seines neuen Anzugs und eilte zum Ausgang.

Unterwegs machte er zweimal halt.
Er häufte jede Menge Goldstücke und
Edelsteine über die Lampe. Dabei dachte
er: Wie wird meine Mutter über die
Schmuckstücke staunen! Wie wird sie sich
freuen! Alle Not hat nun ein Ende!
Ganz außer Atem erreichte er die
Felsentreppe und kletterte hinauf. Ohne
das Seil des Zauberers konnte er jedoch
nicht weiter.

„Jetzt hilf mir, Onkel!", rief er nach oben.
Der Zauberer ließ das Seil hinunter und
befahl: „Binde die Lampe fest. Zuerst
werde ich sie ans Licht holen und dann
dich!"
„Warum ziehst du uns nicht gleichzeitig
hinauf?", fragte Aladin. „Die Lampe steckt
unter den Schätzen in meiner Tasche!"
„Tu, was ich gesagt habe!", verlangte der
Zauberer. „Zuerst kommt die Lampe und
dann du."
Das alte Ding muss meinem Onkel viel
bedeuten, dachte Aladin. Aber er wird es
nicht kriegen. Er soll bis in alle Ewigkeit
darauf warten!
Als sich unten nichts rührte, überkam den
Zauberer ein gewaltiger Zorn. Er murmelte
einen Zauberspruch. Da schob sich die
Steinplatte krachend vor die Öffnung und
sperrte Aladin ein.

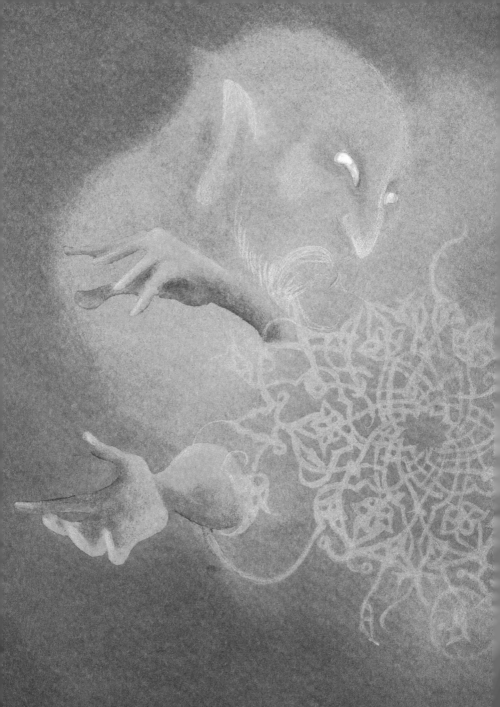

22

Zwei mächtige Geister

Aladin rang verzweifelt die Hände und rief:
„Rette mich, Allah! Dann werde ich ein
anderes Leben führen und meiner Mutter
ein besserer Sohn sein!"
Ohne es zu bemerken, rieb er dabei an
dem Ring, den ihm der böse Zauberer an
die Hand gesteckt hatte. Plötzlich wurde
es hell in der Höhle, und vor Aladins
Augen schwebte ein riesiger Geist,
furchterregend wie ein Dämon.

Er verneigte sich höflich und sagte: „Zu Diensten, Herr!"

Aladin fasste sich schnell ein Herz und bat: „Geist des Rings, bring mich ans Licht!"

Sofort tat sich die Erde auf. Der Geist trug den Jungen nach oben und verschwand. Glückselig eilte Aladin zu seiner Mutter und erzählte ihr alles, was er erlebt hatte. Er packte seine Taschen aus und schlug vor, den Geist des Rings um ein gutes Essen zu bitten.

„Lass das lieber!", sagte die Mutter. „Zauberei bringt nur Unglück. Morgen früh können wir einen der Edelsteine auf dem Basar verkaufen. Und auch diese alte Lampe! Ich werde sie schon einmal gut putzen." Sie nahm einen Lappen und rieb damit über die Lampe.

Da erhob sich ein gewaltiges Brausen

und schon streckte sich ein riesiger
Geist bis an die Decke, noch größer und
schrecklicher als der Geist des Rings.
Die Mutter sank vor Schreck ohnmächtig
zu Boden. Aber Aladin befahl: „Geist der
Lampe, bring uns etwas zu essen!"
Sogleich war der Geist verschwunden. Er
kehrte jedoch schnell mit einem goldenen
Tablett voll köstlicher Speisen zurück.

Noch nie hatten Aladin und seine Mutter
etwas so Wunderbares gegessen!
„So wird es nun alle Tage sein", meinte
Aladin fröhlich.

Aber die Mutter sagte: „Wir wollen lieber ohne Geister auskommen. Ich glaube, dass die Lampe Unglück bringt. Sie hat dich schon einmal fast das Leben gekostet. Für das Gold, das du mitgebracht hast, können wir jeden Tag etwas zu essen kaufen."

„Wie du meinst, liebe Mutter", erwiderte Aladin und versteckte die Lampe zusammen mit den Edelsteinen unter seiner Matratze. Den Ring aber behielt er am Finger.

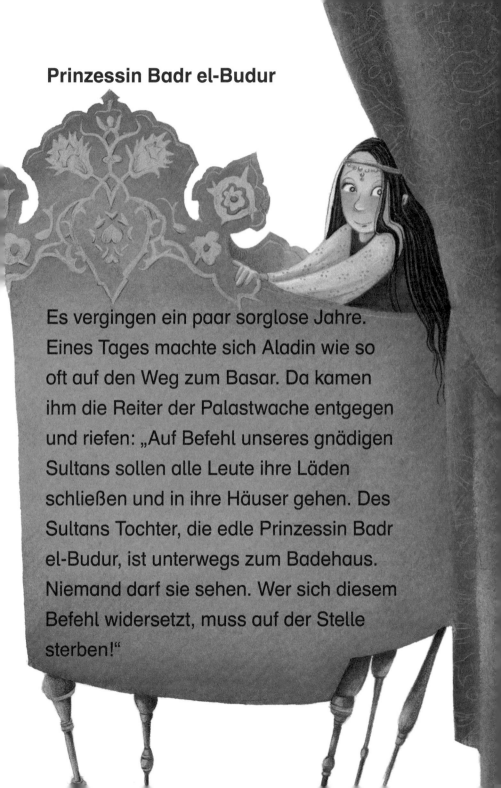

Prinzessin Badr el-Budur

Es vergingen ein paar sorglose Jahre. Eines Tages machte sich Aladin wie so oft auf den Weg zum Basar. Da kamen ihm die Reiter der Palastwache entgegen und riefen: „Auf Befehl unseres gnädigen Sultans sollen alle Leute ihre Läden schließen und in ihre Häuser gehen. Des Sultans Tochter, die edle Prinzessin Badr el-Budur, ist unterwegs zum Badehaus. Niemand darf sie sehen. Wer sich diesem Befehl widersetzt, muss auf der Stelle sterben!"

Da eilten alle Leute in ihre Häuser und schlossen die Türen. Die Straßen lagen so still und verlassen da wie ein Friedhof. Aladin aber war neugierig und dachte: Warum darf niemand die Prinzessin angucken? Wahrscheinlich sieht sie aus wie ein hässliches Monster!

Er schlich sich unbemerkt in das Badehaus und spähte durch ein Fenster im ersten Stock hinab auf die Straße.

Da kam die Prinzessin! Weil es sehr heiß war, hatte sie ihren Schleier ein wenig gehoben – und Aladin sah mit Entzücken, dass sie keineswegs so hässlich war wie ein Monster, sondern so schön wie die Sonne, der Mond und alle Sterne zusammen.

Gepriesen sei Allah, der sie erschaffen hat!, dachte er. Nie zuvor habe ich ein so schönes Mädchen gesehen.

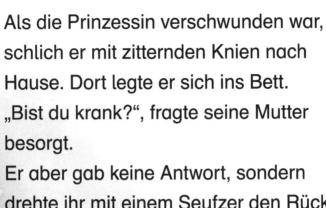

Als die Prinzessin verschwunden war,
schlich er mit zitternden Knien nach
Hause. Dort legte er sich ins Bett.
„Bist du krank?", fragte seine Mutter
besorgt.
Er aber gab keine Antwort, sondern
drehte ihr mit einem Seufzer den Rücken
zu. Ach, Aladin war tatsächlich krank,
und zwar krank vor Liebe. Der Anblick
der schönen schwarzhaarigen Prinzessin
Badr el-Budur hatte ihn wie ein Pfeil
mitten ins Herz getroffen.

Das Brautgeschenk

Am nächsten Morgen sagte Aladin zu seiner Mutter: „Ich will und muss die Prinzessin Badr el-Budur zur Frau haben. Geh zum Palast und bitte beim Sultan für mich!"

Seine Mutter schlug die Hände über dem Kopf zusammen. „Hast du den Verstand verloren?", rief sie. „Warum sollte der Sultan einem armen Schneidersohn seine Tochter zur Frau geben? Er wird dich für deine Unverschämtheit töten lassen!"

Da holte Aladin alle Edelsteine unter seiner Matratze hervor und sagte: „Wenn du das als Brautgeschenk in den Palast bringst, wird mich der Sultan als Bräutigam annehmen!"

Schweren Herzens wickelte die Mutter die Steine in ein Tuch und machte sich auf den Weg zum Palast, der jeden Tag eine Stunde lang für die Bewohner der Stadt geöffnet war. Sie reihte sich ein in die lange Schlange der Leute, die etwas auf dem Herzen hatten. Der Sultan entschied und sprach Recht. Neben ihm stand der Wesir, mit dem er sich manchmal leise beriet.

Endlich kam die Reihe an Aladins Mutter. Sie verneigte sich tief und sagte: „Verzeiht die verwegene Bitte, die ich überbringe! Mein Sohn möchte die Prinzessin Badr el-Budur zur Frau haben."

Der Sultan lächelte. Der Wesir lachte laut. Das war so ansteckend, dass alle Leute ringsum in Gelächter ausbrachen. Da schlug Aladins Mutter das Tuch auf und enthüllte die Edelsteine. Sofort erfüllte sonnenheller Glanz den Palast.

Dem Sultan blieb vor Staunen der Mund offen stehen. Erst nach einer ganzen Weile sagte er: „Ein so großzügiger Mann ist der richtige Gemahl für meine Tochter."

Der Wesir erschrak bis ins Herz. Es war nämlich abgemacht, dass sein Sohn die Prinzessin heiraten sollte. Er beugte sich also vor und flüsterte dem Sultan ins Ohr: „Ihr hattet die Güte, Eure Tochter meinem Sohn zu versprechen. Ich bin sicher, die Braut wird von ihm ein weit kostbareres Geschenk bekommen als dieses. Ich bitte Euch um drei Monate Frist."

Da sprach der Sultan zu Aladins Mutter: „Sage deinem Sohn, dass meine Tochter für ihn bestimmt ist, dass er sich jedoch drei Monate gedulden muss, bis ich sie ihm endgültig gebe."

Aladins Mutter bedankte sich, verhüllte die Edelsteine und eilte, so schnell sie konnte, nach Hause. Aladin wartete schon voller Ungeduld. Nun tanzte er vor Freude durchs Haus.

Der falsche Bräutigam

Kurz vor dem errechneten Hochzeitstag
machte sich Aladin wieder einmal
auf den Weg zum Basar. Zu seinem
Erstaunen wurde die ganze Stadt gerade
mit Blumengirlanden geschmückt und
alle Läden hatten geschlossen. Vor dem
Palast des Sultans sah man prächtig
gekleidete Diener, die brennende Fackeln
in den Händen trugen. Aladin fragte einen
von ihnen nach dem Grund.

„Du bist wohl fremd hier", antwortete der
Diener. „Sonst wüsstest du, dass in
dieser Nacht die Tochter des Sultans den
Sohn des Wesirs heiraten wird."

Aladin war entsetzt. Er ahnte nicht, dass
der hinterlistige Wesir seinem Herrn lauter
Lügen ins Ohr geflüstert hatte. „Mit dem
fremden Bewerber ist sicher etwas faul",
hatte er immer wieder gesagt. „Du solltest
deine Tochter nur jemandem geben, den
du kennst!" Da hatte der Sultan schließlich
nachgegeben und der Hochzeit mit dem
Sohn des Wesirs zugestimmt.

Zu Tode betrübt ging Aladin nach Hause.
Aber er gab nicht auf, sondern überlegte,
wie er die Hand der schönen Prinzessin
Badr el-Budur doch noch erringen könnte.
Er holte die Wunderlampe aus ihrem
Versteck und rieb mit dem Ärmel darüber.
Sogleich stand der furchterregende Geist

vor ihm und fragte: „Was wünscht Ihr,
Herr?"

Aladin antwortete: „Heute Abend, wenn
die Prinzessin mit dem Sohn des Wesirs
schlafen geht, wirst du das Bett aufheben
und mitsamt dem Brautpaar zu mir
bringen."

„Ich höre und gehorche!", nickte der Geist.
Und wirklich! Als der Mond aufging,
brachte er das Bett mit dem Brautpaar
darin.

Aladin lachte. „Nimm den Kerl", befahl er, „und wirf ihn in die Jauchegrube hinter der Hütte!"

„Euer Wunsch ist mir Befehl", sagte der Geist. Dann blies er dem Sohn des Wesirs seinen Atem ins Gesicht. Und als sich der Hilflose nicht mehr rührte, warf er ihn in die Jauchegrube.

Aladin aber sank vor der Prinzessin auf die Knie und sprach: „Oh, schönste aller Frauen, fürchte dich nicht! Dein Wohlergehen ist mir wichtiger als das Licht meiner Augen. Ruhe dich nun aus!

Ich will deinen Schlaf bewachen und dich morgen zu deinem Vater zurückbringen. Der hat dich mir versprochen und keinem anderen."

Am nächsten Morgen ließ Aladin Braut und Bräutigam wieder in den Palast bringen. Der Sultan wollte das Paar besuchen. Aber wie erschrak er, als er in das Schlafgemach kam! Seine Tochter saß schluchzend im Bett. Der Sohn des Wesirs stand leichenblass in der Ecke.

„Was ist denn mit euch los?", fragte
der Sultan. „Und was ist das für ein
entsetzlicher Gestank?"
Die Prinzessin erzählte ihm alles und der
Sohn des Wesirs rief: „Es stimmt, was sie
gesagt hat. Befreie mich von dieser Braut!
Noch eine Nacht in der Jauchegrube
ertrage ich nicht!"
Da verließ der Sultan wütend das Zimmer
und ließ die Ehe für ungültig erklären.

Aladins Hochzeit

Als drei Monate vorbei waren, schickte
Aladin seine Mutter in den Palast, um den
Sultan an sein Versprechen zu erinnern.
Und wieder flüsterte der Wesir seinem
Herrn böse Worte ins Ohr. „Sieh nur, wie
ärmlich die Frau gekleidet ist! Ihr Sohn ist
auf keinen Fall der richtige Bräutigam für
deine Tochter!"
Aber dieses Mal ließ sich der Sultan nicht
beschwatzen. Er wandte sich freundlich
an Aladins Mutter und sagte: „Dein Sohn
soll gleich in den Palast kommen. Ich will
ihn in allen Ehren empfangen. Noch heute
Abend wollen wir Hochzeit feiern!"
Aladins Mutter eilte so geschwind nach
Hause, als seien ihr Flügel gewachsen.
Die Freude Aladins ließ sich gar nicht
beschreiben. Sofort rief er den Geist der

Lampe und ließ sich von ihm in Samt
und Seide kleiden. Außerdem wünschte
er sich einen weißen Hengst und hundert
Diener. Für seine Mutter bat er um eine
himmelblaue Sänfte. Alles bekam er.

Als die Prinzessin aus dem Fenster blickte
und Aladin mit seinem Gefolge sah, war
sie ganz entzückt über den schönen
Jüngling. Auch dem Sultan gefiel sein
prächtiger Schwiegersohn so gut, dass

er auf der Stelle einen Beamten holen
ließ, um den Bund der Ehe schließen zu
lassen. Sobald der Vertrag unterschrieben
war, stand Aladin auf und ging zur Tür.
„Was hast du vor?", fragte der Sultan.
„Will der Bräutigam das Fest verlassen,
bevor es begonnen hat?"
Aladin verbeugte sich und erklärte: „Ich
möchte meiner schönen Frau so schnell
wie möglich einen Palast bauen."
Da schloss der Sultan ihn gerührt in die
Arme und sagte: „Baue deinen Palast
am besten hinter meinem. Dann habe
ich meine geliebte Tochter immer ganz
in der Nähe. Aber beeile dich! Die Braut
wartet ungeduldig auf dich und das
Hochzeitsfest."
Aladin ritt schnell zum Haus seiner Mutter
und rief den Geist der Lampe. „Mein treuer
Diener", sagte er, „baue auf dem freien

Platz hinter dem Palast des Sultans ein prächtiges Schloss und richte es ein."
„Ich höre und gehorche", antwortete der Geist.
Als der Sultan am nächsten Morgen ans Fenster trat, machte er einen Luftsprung vor Freude. Hinter seinem Palast stand ein riesiges Schloss, dessen Wände mit schimmernden Edelsteinen verziert waren. Die Dächer, Kuppeln und Zinnen waren aus Gold und leuchteten mit der Sonne um die Wette.

Das Hochzeitsfest dauerte vierzig Tage und vierzig Nächte. Die Tänzerinnen tanzten, die Musikanten musizierten und es gab ein üppiges Festmahl nach dem anderen.

Aladin wurde mit seiner schönen Frau sehr glücklich und führte auch sonst ein zufriedenes Leben. Nun saß er statt des Wesirs im Ratssaal neben dem Sultan. Er half ihm, Recht zu sprechen und die Not der Armen zu lindern. Tag für Tag gewann er an Ansehen und wurde von allen geachtet und geliebt.

Der alte Lampenhändler

Der böse Zauberer im fernen Afrika aber
hatte die Wunderlampe keineswegs
vergessen. Als er eines Tages wieder
einmal durch sein Fernrohr guckte, sah
er, dass Aladin jetzt in einem herrlichen
Palast wohnte und mit der Tochter des
Sultans verheiratet war. Der Zauberer
wusste, dass Aladin das nur mithilfe
der Lampe geschafft haben konnte, und
machte sich auf, um das kostbare Stück
endlich in seinen Besitz zu bringen.

Als er vor dem Palast des Sultans nach
Aladin fragte, erfuhr er, dass dieser für
einige Tage auf die Jagd in die Berge
geritten war. Diese Gelegenheit wollte er
nutzen. Er ging zum Basar und kaufte dort
ein paar reich verzierte neue Lampen.
Damit lief er durch die Straßen und rief:
„Wer tauscht eine alte Lampe gegen eine
neue?"

„Seht nur den alten Narren!", riefen die
Leute und lachten.

So kam der Zauberer bis vor Aladins
Schloss. Die Prinzessin stand gerade
mit ihrer Dienerin am Fenster. Auch sie
schütteten sich aus vor Lachen.

Die Dienerin aber rief: „Im Zimmer
unseres Herrn liegt eine verbeulte alte
Lampe! Wir wollen sie dem Händler
anbieten und dafür eine neue verlangen.
Dann werden wir sehen, ob er es ernst
meint!"

Aladin hatte seiner Frau das Geheimnis
der Lampe nie anvertraut. Und so kam es,
dass Badr el-Budur dem falschen Händler
die Lampe gab und dafür eine neue in
Empfang nahm.

Noch während alle Leute über den Handel
lachten, tat der Zauberer, was er sich
lange gewünscht hatte: Er rieb über die
Lampe! Im selben Moment stand der
Geist vor ihm und fragte: „Was soll ich
tun?"

„Nimm Aladins Palast", sagte der
Zauberer, „und trage ihn mit Badr el-Budur
bis vor die Tore der Stadt, in der ich lebe!"

Der Geist gehorchte und das teuflische
Lachen des Zauberers hallte durch alle
Straßen. Zugleich erhob sich Aladins
Palast in die Luft. Die Prinzessin Badr
el-Budur rief laut um Hilfe. Aber das
nutzte ihr nichts. Sie befand sich bereits
auf dem Weg nach Afrika.
Überall herrschte große Aufregung. Vom
Lärm beunruhigt, eilte der Sultan herbei.
„Wo ist der Palast?", rief er entsetzt.

„Wo ist meine Tochter?" Als er hörte, was geschehen war, heulte er wie ein Schlosshund.

Der Wesir aber lächelte zufrieden und sagte: „Ich habe es ja gleich gewusst! Es war falsch, diesem herausgeputzten Schwätzer zu vertrauen!"

Als Aladin von der Jagd zurückkam, wurde er gleich vor den Sultan geführt. Der sah ihn finster an und erklärte: „Du hast mich belogen und betrogen. Morgen wird dir der Kopf abgeschlagen!"

Da saß Aladin nun im Gefängnis und weinte. Irgendwann fiel ihm der Ring ein, der immer noch an seiner Hand steckte. Schnell rieb er mit dem Finger darüber und schon erschien der Geist.

„Bring mir den Palast und die Prinzessin zurück!", verlangte Aladin.

Aber diesmal schüttelte der Geist den

Kopf. „Das liegt nicht in meiner Macht. Der Geist der Lampe ist stärker als ich."

„Dann bring mich zu meiner Frau!", sagte Aladin.

Sogleich fühlte er sich in die Lüfte gehoben und bald stand er in seinem Palast im Gemach der Prinzessin.

Vor dem Fenster erblickte er die Wüste Afrikas.

Badr el-Budur umarmte ihn voller Freude.

„Mein Liebster", sagte sie. „Alles Unheil kam durch den bösen Zauberer, dem ich die alte Lampe gegeben habe. Jetzt besucht er mich jeden Tag und fragt mich, ob ich seine Frau werden will."

Aladin wurde von großer Wut erfasst und rief: „Ich werde mir etwas ausdenken, um mich an dem Schuft zu rächen!"

„Du musst dich aber beeilen!", sagte die Prinzessin. „Bestimmt kommt er gleich."

Aladin rieb seinen Ring. Diesmal befahl er dem Geist, sogleich einen Schlaftrunk zu besorgen. Dann flüsterte er der Prinzessin zu, was er vorhatte. Sie nahm seine Hand und nickte.

Als der böse Zauberer erschien, lächelte ihm Badr el-Budur freundlich entgegen. Sie hatte ihr schönstes Kleid und ihren kostbarsten Schmuck angelegt.

„Was ist los mit dir?", fragte der Zauberer

erstaunt. „Du siehst heute so glücklich aus."

„Ich habe lange genug geweint über den Verlust meines Gatten", sagte sie. „Jetzt möchte ich mit dir ein neues Leben beginnen. Wir wollen sofort ein großes Fest feiern."

Da ließ der Zauberer den besten Wein und die köstlichsten Speisen bringen und setzte sich zur Prinzessin. Er schwebte vor Glück wie auf Wolken. Aber Badr el-Budur goss unbemerkt den Schlaftrunk in seinen Becher. Kaum hatte er daraus getrunken, fiel er um wie ein gefällter Baum.

Aladin, der sich hinter einem Vorhang
versteckt hatte, sprang lachend hervor.
„Gut gemacht, meine Liebste! Du bist
nicht nur schön, du hast obendrein das
Herz einer Löwin!"
Er beugte sich über den
Zauberer und durchsuchte
dessen Gewand. Tatsächlich
fand er zwischen den Falten
die Wunderlampe. Sofort rieb er
mit dem Ärmel darüber. Da brauste
der Geist herbei
und erkundigte
sich nach
seinem
Wunsch.

„Schaff mir diesen Schuft aus den Augen!", befahl Aladin. „Bring ihn in die Wüste und setze ihn an einem Ort aus, den er nie mehr verlassen kann! Dann komm wieder hierher und trage mich und meine Frau mitsamt dem Palast nach Hause!"

„Ich höre und gehorche!", sagte der Geist, packte den schlafenden Zauberer und erhob sich mit ihm in die Lüfte. Er war schnell zurück. Ohne Mühe ergriff er den Palast, in dem Aladin und die Prinzessin Badr el-Budur Hand in Hand beieinander-saßen, und trug ihn an seinen alten Ort. Als der Sultan am nächsten Morgen nach dem Erwachen aus dem Fenster blickte, glaubte er zu träumen. Wieder und wieder rieb er sich die Augen. Aber der schimmernde Palast verschwand nicht. So schnell ihn seine Füße trugen, eilte der

Sultan hinüber. Oh, welches Glück! Seine Tochter und sein Schwiegersohn standen schon wartend an der Tür. Alle drei fielen sich in die Arme und weinten Tränen der Rührung.

Im ganzen Land wurde die glückliche Heimkehr von Aladin und Badr el-Budur gefeiert. Und so wollen auch wir diese Geschichte vergnügt beschließen – mit Feuerwerk, Tanz, Gesang und unendlicher Freude.

Aladin und die Märchen aus Tausendundeiner Nacht

„Aladin und die Wunderlampe" ist eine der bekanntesten Erzählungen aus der Geschichtensammlung „Märchen aus Tausendundeiner Nacht". Die meisten Geschichten sind mehr als tausend Jahre alt, sie gelangten von Indien über Persien bis nach Arabien, ehe sie schließlich von dem Franzosen Antoine Galland (1646–1715) entdeckt wurden. Galland reiste als Gesandter des französischen Hofes mehrere Male in den Orient und erwarb dort viele Handschriften. Wieder nach Paris zurückgekehrt, übersetzte er sie ins Französische. 1701 kam er dann in den Besitz einer syrischen Handschrift mit dem Titel „Tausendundeine Nacht".

Darin geht es um einen rachsüchtigen König, der jede Nacht mit einer Frau verbringt, die er am folgenden Morgen töten lässt. Diesen Teufelskreis vermag nur die schöne Scheherazade zu durchbrechen. Sie erzählt dem König jede Nacht eine spannende Geschichte und kann so der Hinrichtung entgehen. Die Geschichten sind Inhalt der Sammlung „Tausendundeine Nacht".

Mit der Übersetzung ins Französische hatte Galland großen Erfolg. Das beflügelte ihn, passende Geschichten für seine Sammlung zu erfinden. Wahrscheinlich hat Galland „Aladin und die Wunderlampe" – genau wie die bei uns ebenfalls sehr bekannte Geschichte „Ali Baba und die vierzig Räuber" – selbst erfunden und der Sammlung hinzugefügt. In der arabischen Urschrift finden sich jedenfalls keine direkten Vorbilder für diese beiden Geschichten.

Aus welcher Quelle das Märchen von Aladin auch stammen mag – sicher ist es bis heute so beliebt, weil sich jeder Mensch ab und zu eine so wundersame Lampe wünscht!

Katja Königsberg war nach ihrem Studium der Germanistik, Anglistik und Kunstgeschichte für verschiedene Verlage tätig, für den Leseraben hat sie schon ganz viele Bücher geschrieben. Sie lebt heute mit ihrem Sohn in Köln.

Betina Gotzen-Beek hat Grafikdesign studiert und zeitweise auch als Restaurateurin, Floristin, Köchin und Verkäuferin gearbeitet.
Heute ist sie eine der beliebtesten Kinderbuchillustratorinnen überhaupt.

Gottfried August Bürger

Die Abenteuer des Barons von Münchhausen

Nacherzählt von Ingrid Uebe

Mit Bildern von Markus Spang

Münchhausen

Inhalt

In eisiger Nacht unterwegs

Hallo, liebe Freunde! Ich will euch ein
paar spannende Geschichten aus meinem
Leben erzählen. Ihr werdet aus dem
Staunen gar nicht mehr herauskommen!
Kann sein, dass euch meine Abenteuer
hin und wieder ganz unglaublich
erscheinen. Aber ich schwöre, ich habe
sie alle erlebt.

Ich bin der Baron von Münchhausen und
ein berühmter Mann. Seit vielen Jahren
reise ich zu Pferd oder zu Schiff durch die

Welt. Mut und Schlauheit sind meine Begleiter. Ich habe so mancher Gefahr ins Auge gesehen. Ich habe seltsamen Menschen und schrecklichen Tieren gegenübergestanden. Aber nichts und niemand hat mich jemals in die Knie gezwungen.

Ihr dürft mich auf keinen Fall für einen Angeber halten. Erst recht nicht für einen Lügner! Es macht mir nun einmal großes Vergnügen, von meinen Erlebnissen zu berichten. Lange Einleitungen sind allerdings nicht meine Sache. Lasst mich also gleich mit der ersten Geschichte beginnen!

Sie spielt in einem sehr strengen Winter. Obwohl es stürmte und schneite, ritt ich auf einem tüchtigen Pferd unaufhaltsam nach Osten. Mein Ziel war Russland. Der Zar war mein Freund, und er würde mich in einem seiner Paläste freudig begrüßen. Natürlich hätte ich mir durchaus eine Postkutsche leisten können. Oder auch mehrere. Aber ich hatte keine Lust, mich einem fremden Kutscher und einem fremden Gaul anzuvertrauen. Ich verlasse mich am liebsten auf mich selbst und auf mein eigenes Pferd.

Je weiter ich nach Osten ritt, desto kälter wurde es. Ich war in großer Eile von meiner Heimat aufgebrochen und viel zu dünn angezogen. Unter meinem Reisemantel trug ich nur Hemd und Hose. Als ich Polen erreichte, klapperten mir nicht nur die Zähne. Mir fror auch das Herz im Leibe.

Beim Anblick eines Bettlers, der halb nackt am Wegesrand saß, vergaß ich allerdings mein eigenes Elend. Der zitternde Mann tat mir sehr leid. Ohne zu zögern, warf ich ihm meinen Mantel über und galoppierte davon.

Der Bettler blieb stumm vor Staunen zurück. Doch hoch über mir erklang eine Stimme: „Nicht schlecht, mein Sohn! Dafür werde ich dich belohnen."

Und in der Tat, der Himmel meinte es gut mit mir: Mehr als einmal wurde ich später aus arger Bedrängnis wie durch ein Wunder gerettet.

Obwohl mir der Wind eisig um die Ohren pfiff, trauerte ich dem Mantel keinen Augenblick nach. Ich schmiegte mich an den warmen Hals meines Pferdes und ritt weiter, bis Nacht und Dunkelheit hereinbrachen.

Um uns herum türmte sich der Schnee mittlerweile zu solch großen Bergen auf, dass Weg und Steg darunter völlig verschwanden. Kein Dorf war zu sehen. Weder Haus noch Hof, weder Stall noch Scheune boten uns Schutz.

Schließlich hielt ich an und rutschte erschöpft aus dem Sattel. Der bleiche Mond beleuchtete nichts als ein endloses weißes Feld. Dort mussten wir nun wohl oder übel unser Nachtquartier aufschlagen.

Ich klopfte meinem braven Pferd den Hals und band es an ein kahles Bäumchen, das aus dem Schnee herausragte. Zur Sicherheit nahm ich meine Pistolen aus der Satteltasche. Dann legte ich mich damit ganz in der Nähe unbesorgt nieder und fiel in einen erholsamen Schlummer.

Es war bereits heller Tag, als ich endlich
erwachte.

Ich rieb mir den Schlaf aus den Augen
und stellte erstaunt fest, dass ich mitten in
einem hübschen Dorf lag. Es gefiel mir
sehr gut auf dem freundlichen Kirchplatz.
Aber wo war mein Pferd? Besorgt hielt ich
nach ihm Ausschau. Plötzlich hörte ich es
hoch über mir wiehern. Ich blickte
überrascht auf – und sah das arme Tier
an seinen Zügeln oben an der Spitze des
Kirchturms hängen.

Sofort begriff ich: Das Dorf war in der
Nacht so zugeschneit gewesen, dass ich
es für ein weißes Feld gehalten hatte.
Doch während ich schlief, hatte die Kälte
nachgelassen. Der Schnee war
geschmolzen und hatte mich sanft
herabsinken lassen. Und was ich im
Mondlicht für ein Bäumchen gehalten

hatte, war nichts anderes als die Spitze des Kirchturms gewesen!

Ohne lang nachzudenken, nahm ich eine von meinen Pistolen und schoss nach dem Halfter. Mit fröhlichem Wiehern fiel das Pferd herunter und landete direkt vor mir auf seinen Hufen. Ich schwang mich schnell in den Sattel und setzte meine Reise nach Russland gut gelaunt fort.

Der schnellste Hase der Welt

Ich liebe die Jagd und ich bin ein
vortrefflicher Jäger. In der Fremde habe
ich die größten Bären und die schnellsten
Wölfe erlegt. In den heimischen Wäldern
bin ich mit dem Gewehr oder auch nur mit
dem Messer furchtlos so manchem wilden
Eber entgegengetreten. Ich habe die
stattlichsten Hirsche gejagt und meiner
erfreuten Köchin jede Menge Flugenten
und Hasen in die Küche gebracht.
Wenn der Herbst kommt und unter den
Bäumen das Jagdhorn erklingt, hält mich
nichts mehr im Haus. Dann sattle ich
mein tüchtigstes Pferd und pfeife nach
meinem besten Hund. Schon in der
Morgendämmerung ziehen wir los. Erst
wenn es Abend wird, kehren wir heim.
Natürlich mit reicher Beute!

Es hat allerdings Zeiten gegeben, in denen ich sogar nachts auf die Jagd ging. Das lag an dem ungewöhnlichen Hund, den ich damals besaß. Er war so aufmerksam, vorsichtig und unermüdlich wie kein anderer. Am besten gefiel mir jedoch, dass er auch bei völliger Dunkelheit mit mir durch den Wald zog. Ich musste ihm nur eine Laterne an den Schwanz hängen – und schon sahen wir alles, was wir sehen wollten. Ich darf wohl behaupten, dass wir genauso gut oder

sogar noch besser jagten als am hellen Tag.

Mithilfe meines wunderbaren Hundes löste ich auch ein Rätsel, auf das ich allein wahrscheinlich niemals eine Antwort gefunden hätte. Ich jagte nämlich zwei ganze Tage und Nächte hinter einem Hasen her, der mir immer wieder entkam. Mein Hund wurde nicht müde, das unglaublich schnelle Tier aufzuscheuchen. Trotzdem kam ich dem Hasen niemals nahe genug um zu schießen. Die Sache grenzte wahrhaftig an Hexerei.

Am Abend des zweiten Tages war ich
völlig erschöpft und dachte daran
aufzugeben. Da endlich trieb der Hund
den Hasen so geschickt in meine Nähe,
dass ich mein Gewehr abfeuern konnte.
Mit Erfolg! Der Hase stürzte nieder. Mein
Hund ergriff ihn im Nacken und legte ihn
mir vor die Füße.

Ich hob meine Jagdbeute auf und mochte
meinen Augen kaum trauen. Der Hase
hatte nämlich acht Beine – vier unter dem

Bauch und vier auf dem Rücken! Die hatte er auf der Flucht vor mir immer abwechselnd genutzt. Waren die unteren müde gewesen, hatte er sich schnell auf den Rücken geworfen und war mit den oberen weitergerannt.

Ich ahnte, dass ich niemals mehr einem solchen Hasen begegnen würde. Stolz trug ich ihn nach Hause, zeigte ihn meiner Familie und meinen Freunden und schilderte ihnen das Abenteuer, das hinter mir lag. Mein braver Hund aber erhielt eine große Portion frischen Kuhpansen, sein Lieblingsgericht, und einen Knochen, mit dem er bis zum Morgengrauen beschäftigt war.

Ein Kunststück für die Damen

Ich bin überall ein gern gesehener Gast. Bei den Herren genauso wie bei den Damen. Das liegt daran, dass sich in meiner Gegenwart niemand langweilt. Ich kann schließlich nicht nur wunderbare Geschichten erzählen, sondern auch ganz und gar einmalige Kunststücke vorführen. Einmal war ich mitten im Sommer zu Besuch auf dem prächtigen Landsitz des Grafen von Przobofsky. Ja, ich weiß, das

ist ein schwieriger Name! Ich musste selbst eine Weile üben, bis ich ihn fehlerlos aussprechen konnte.

Wir waren eine große, vergnügte Gesellschaft. Nach dem üppigen Mittagessen saß ich lange Zeit mit den Herren zusammen. Doch als der Tee serviert wurde, setzte ich mich zu den Damen. Die jungen wie die alten waren sichtlich erfreut. Wir scherzten und plauderten, tranken Tee und knabberten köstliches Gebäck. Die Zeit verging dabei wie im Flug.

Die Herren waren unterdessen alle in den Hof hinuntergegangen. Sie wollten das neue Pferd bestaunen, das der Graf vor Kurzem gekauft hatte. Er war außerordentlich stolz auf das Tier, das aus einer berühmten Zucht stammte. Auch ich hätte den jungen Hengst gern

begutachtet. Doch meine Höflichkeit
verbot es mir, die Damen allein zu lassen.
Irgendwann hörten wir von draußen
Hilferufe und lautes Geschrei. Sofort
sprang ich auf und eilte die Treppe hinab.
Auf dem Hof waren alle Herren in heller
Aufregung versammelt. Ich drängte sie
auseinander. Nun erblickte ich das Pferd.

Es war wirklich sehr schön, benahm sich
aber so wild, dass alle zurückwichen.
Keiner der erfahrenen Reiter traute sich
auf seinen Rücken.

Ich überlegte nicht lange, sondern saß mit einem einzigen Sprung im Sattel.

Angst und Bestürzung malten sich auf allen Gesichtern. Der Hengst jedoch war so überrascht, dass er ganz plötzlich stillstand. Er senkte den Kopf und gehorchte fromm wie ein Lamm dem Druck meiner Schenkel. Bald darauf trug er mich in großen Runden willig und anmutig über den Hof.

Die Damen standen am Fenster und klatschten verzückt in die Hände. Mit einer knappen Verbeugung zog ich meinen Hut und beschloss, ihnen ein weiteres Vergnügen zu gönnen. Ich gab ihnen mit der Hand das Zeichen, ein Stück vom Fenster zurückzutreten. Dann trieb ich den Hengst mit einem gewaltigen Sprung durch das offene Fenster mitten in den Salon hinein. Das Entzücken der Damen war groß.

Drinnen ritt ich ein paarmal durch das Zimmer – im Schritt, im Trab und auch im Galopp. Zum Schluss ließ ich mein Pferd auf den Teetisch springen. Es meisterte dieses Kunststück ohne Probleme und setzte seine Hufe so geschickt auf, dass

weder Tassen noch Teller, weder Kannen noch Schüsseln zerbrachen.

Auf diese Weise zeigten wir unserem staunenden Publikum die ganze Hohe Schule der Reitkunst. Obwohl wir kein einziges Mal für unseren Auftritt geprobt hatten, machten wir nicht den kleinsten Fehler. Die Damen jubelten uns zu. Auch die Herren, die inzwischen ins Haus gekommen waren, spendeten reichlich Beifall.

Der Graf mit dem schwierigen Namen aber war so erfreut über die Begeisterung seiner Gäste, dass er mir den Hengst nach der Vorstellung voller Dankbarkeit zum Geschenk machte. Ich nahm das edle Tier gern an. Es blieb viele Jahre die Zierde meines ohnehin gut bestückten Pferdestalls. Von ihm handelt auch die nächste Geschichte.

Rein in die Kutsche,
raus aus dem Sumpf!

Immer wieder erinnere ich mich voller
Dankbarkeit an den Grafen von
Przobofsky. Ja, ich muss diesen
schwierigen Namen noch einmal nennen!
Er darf nicht in Vergessenheit geraten.
Schließlich hatte Graf von Przobofsky mir
den jungen Hengst, der bald mein
treuester Freund wurde, zum Geschenk
gemacht.
Das edle Tier war im Springen anmutiger
und geschickter als alle anderen.
Kein Berg war ihm zu steil und
kein Hindernis zu hoch.

Es setzte wie im Flug über Gräben und
Zäune hinweg und nahm immer den Weg,
den ich ihm wies.

Einmal jagten wir zusammen einem
Hasen hinterher. Er war uns schon ein
paarmal entkommen. Immer verbissener
versuchten wir, den Burschen zur Strecke
zu bringen. Dabei trieben wir ihn
geradewegs aus dem Wald hinaus auf
eine breite Straße. Just in diesem Moment
fuhr eine Kutsche mit zwei schönen
Damen vorbei und trennte mein Pferd und
mich von unserer Beute.

Ein kurzer Schenkeldruck genügte – und
mein gehorsamer Hengst sprang durch
die geöffneten Fenster einfach durch die
Kutsche hindurch. Auf der einen Seite
hinein und auf der anderen wieder hinaus!
Ich hatte kaum Zeit, meinen Hut zu ziehen
und die erschrockenen Damen um
Verzeihung zu bitten. Dass ich nach dem
Sprung jenseits des Weges sofort den
Hasen erlegte, versteht sich von selbst.
Ich erinnere mich auch noch an ein
anderes Abenteuer mit diesem großartigen
Pferd. Wir gelangten einmal nach langem
Ritt an einen Sumpf, der mir auf den
ersten Blick nicht so breit vorkam, wie er
tatsächlich war. Erst mitten im Sprung
erkannte ich die Gefahr. Ich entschloss
mich, blitzschnell zu wenden, und trieb
meinen Gaul durch die Luft wieder zurück.

Leider nahm ich auch beim zweiten Mal den Anlauf zu kurz. Wir schafften es nicht bis zum anderen Ufer und landeten mitten im Sumpf. Sofort steckte ich bis zum Hals in dem tödlichen Schlamm. Von meinem armen Pferd war bereits nichts mehr zu sehen.

Wir wären wohl beide umgekommen, hätte ich mich nicht an meinem eigenen Schopf mit starkem Arm aus dem Sumpf gezogen.

Natürlich schloss ich Schenkel und Knie dabei fest um den zitternden Hengst. Sobald er den Kopf wieder frei hatte, dankte er mir mit freudigem Wiehern. Bald fanden seine Hufe mit meiner Hilfe das rettende Ufer. Dort setzten wir unseren Ritt in sanftem Trab fort.

Der Ritt auf der Kanonenkugel

Im Krieg war ich ein tapferer Soldat. Ich kämpfte immer in vorderster Reihe. Von da aus sah ich allen Feinden furchtlos ins Auge und dachte niemals an Flucht.

So mancher General schätzte sich glücklich, mich in seiner Truppe zu haben. Und selbst der russische Zar sprach mir bei einem Besuch seine Bewunderung aus.

Jeder, der mich kennt, weiß, dass ich ein vorzüglicher Reiter bin. Ich bin es nicht nur zu Pferd, wie mein nächstes Abenteuer beweist.

Leider weiß ich nicht mehr, bei welchem Feldzug und in welchem Land die Geschichte passierte. Ich erinnere mich nur noch, dass wir eine Stadt belagerten, über die unser General gern Genaueres in Erfahrung gebracht hätte. Deshalb war er auf der Suche nach einem Spion. Der sollte herausfinden, wie viele Soldaten sich in der Festung aufhielten und wo sie ihre Waffen gelagert hatten. Die Stadt war jedoch so durch Mauern, Vorposten und Wachen gesichert, dass kein Kundschafter eindringen konnte. Selbst wenn es einen Durchschlupf gegeben hätte, so wäre niemand bereit gewesen, einen derartig gefährlichen Auftrag anzunehmen.

Ich aber hatte eine Idee! Mag sein, dass ich sie allzu schnell in die Tat umsetzte. Geradezu glühend vor Eifer und Mut begab ich mich zu der großen Kanone, mit der man die feindliche Stadt beschießen wollte. Unbemerkt duckte ich mich daneben. Und genau in dem Moment, als sie abgefeuert wurde, sprang ich mit einem einzigen großen Satz auf die heraussausende Kugel und ließ mich der Festung entgegentragen.

Es war ein toller Ritt! Die Kugel bewegte sich schneller als das schnellste meiner Pferde. Ich stieß einen Jubelschrei nach dem anderen aus.

Als ich die Hälfte der Strecke zurückgelegt hatte, kamen mir allerdings große Bedenken. Vor mir lag die Stadt, in die ich nun zweifellos ohne Weiteres hineinkommen würde. Aber wie sollte ich wieder herauskommen? Hinter den Festungsmauern lauerten die Feinde. Sicher würden sie mich auf den ersten Blick als Spion erkennen und hinter Gitter bringen, vielleicht sogar an den Galgen hängen!

Ich muss zugeben, dass mir eine Gänsehaut über den Rücken lief. In wenigen Sekunden würde ich mitten im Feindesland sein. Dennoch biss ich die Zähne zusammen und hielt die Augen nach einem Ausweg offen.

Ich tat es zu meinem Glück! Direkt vor mir flog nämlich eine Kanonenkugel aus der Festung und nahm Kurs auf unser Lager.

Genau in dem Augenblick, als
sie an mir vorbeizischen
wollte, schwang ich
mich mit einem
gezielten
Sprung
hinüber.

Ich ritt auf der zweiten Kugel so gut wie auf der ersten und landete bald wohlbehalten bei unserer Armee. Zwar war mein Plan nicht ganz aufgegangen, aber ich war recht zufrieden, wieder bei meinen Kameraden zu sein. Und ich musste auch zugeben, dass ich doch lieber auf einem Pferd als auf einer Kanonenkugel saß.

Die Reise zum Mond

Meine weiteste Reise führte mich bis zum Mond. Sie kam auch für mich ziemlich überraschend. Ein unglückseliger Krieg hatte mich in die Gefangenschaft eines türkischen Sultans geführt. Dieser behandelte mich wie einen Sklaven und ließ mich die niedrigsten Arbeiten tun. Ich musste jeden Morgen seine Bienen auf die Weide treiben, den ganzen Tag dort hüten und in der Dämmerung wieder nach Hause bringen.

Eines Abends merkte ich, dass eine der Bienen fehlte, und machte mich sofort auf die Suche. Es dauerte nicht lange, bis ich sie in der Gewalt von zwei Bären entdeckte. Die Schleckermäuler wollten ihr an den Honig und drohten sie zu zerreißen.

Weil ich nichts anderes zur Hand hatte als eine silberne Axt, warf ich die nach den Bären. Ich hoffte, sie damit zu verscheuchen. Durch allzu großen Schwung flog das Werkzeug jedoch höher und höher. Es hörte nicht auf nach oben zu wirbeln, bis es den Mond erreichte und dort niederfiel.

Ich wollte die Axt unbedingt zurückholen.

Doch wo sollte ich eine passende Leiter hernehmen? Zum Glück fiel mir ein, dass die türkischen Bohnen sehr schnell zu erstaunlicher Höhe emporwachsen. Ich besorgte mir also rasch eine von diesen Wunderbohnen, pflanzte sie in die Erde und sah erfreut zu, wie aus dem zarten Keim eine kräftige Pflanze wurde. Sie strebte immer höher, rankte sich schon bald durch die Wolken und erreichte schließlich den Mond. Ich musste nur noch hinaufklettern.

Oben dauerte es eine Weile, bis ich in all
dem Silberglanz meine silberne Axt
wiedergefunden hatte. Zu guter Letzt
entdeckte ich sie auf einer Art
Strohhaufen und machte mich mit ihr
sofort auf den Heimweg.

Doch eine böse Überraschung wartete auf
mich: Die Sonnenhitze hatte inzwischen
meine Bohnenranke getrocknet und
brüchig gemacht. An ihr konnte ich
unmöglich hinabsteigen.

Ich ließ den Mut jedoch nicht sinken,
sondern eilte zurück zum Strohhaufen.
Dort flocht ich einen festen Strick aus den
Halmen – so lang, wie ich nur konnte.
Als der ganze Haufen verbraucht war,
befestigte ich das eine Ende am Mond
und ließ mich dann geschickt an dem
Strohseil hinunter. Mit der rechten Hand
hielt ich mich fest, mit der linken nahm ich

die Axt. Immer, wenn ich bis zum Ende
gerutscht war, schlug ich das Seil
über mir ab und knüpfte es unten
wieder an.

Natürlich wurde der Strick durch
diese Behandlung nicht besser.
Als ich gerade mitten in den Wolken
hing, riss er entzwei. Ganz betäubt
vor Schreck schlug ich auf dem
Erdboden auf. Dort grub mein
stattlicher Körper ein tiefes
Loch, in dem ich einfach
verschwand.

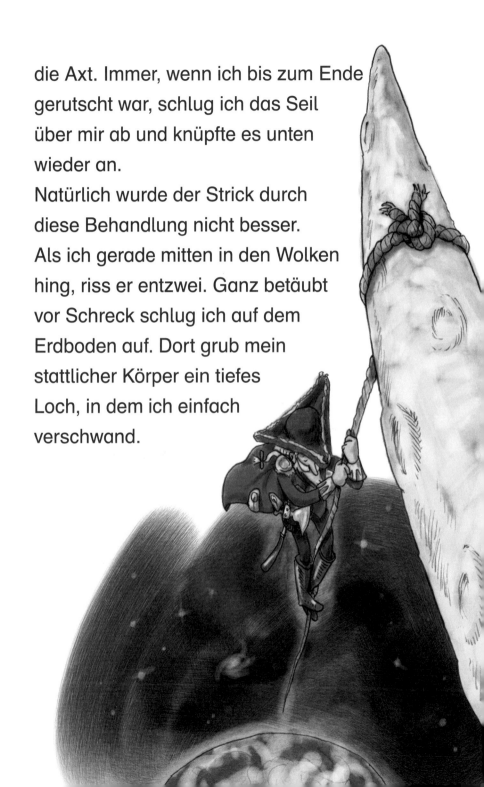

Es dauerte bestimmt eine Viertelstunde,
bis ich mich einigermaßen erholt hatte.
Wie gut, dass ich einen scharfen Verstand
und genauso scharfe Nägel besitze! Der
Verstand brachte mich sofort auf eine gute
Idee: Die Nägel eigneten sich bestens
zum Bau einer Treppe, über die ich bald
wieder ans Tageslicht kam. Der Mond war
inzwischen untergegangen.

Im Fischbauch

Schon als Junge, lange ehe mir ein Bart
wuchs, machte ich meine erste
Schiffsreise. Wir segelten von Holland aus
durch die Nordsee. Doch schon bald
zwang uns ein gewaltiges Unwetter vor
einer Insel zum Ankern.
An Land suchten wir gleich Schutz unter
den Bäumen. Aber ein wütender Sturm
riss sie alle mitsamt ihren Wurzeln aus
und wirbelte sie wie Vogelfedern bis über
die Wolken.

Erst nachdem der Orkan sich gelegt hatte, stürzten sie senkrecht herab. Zum Glück landete jeder auf seinem alten Platz und schlug dort auch gleich wieder Wurzeln. Für uns war das Spektakel allerdings nicht ganz ungefährlich. Damit uns die zentnerschweren Stämme nicht auf den Kopf fielen, hielten wir die Augen offen und sprangen oft in allerletzter Sekunde zur Seite.

Manch anderen Jungen hätte ein Abenteuer wie dieses wohl von weiteren Seereisen abgehalten. Mich jedoch nicht! Meine Sehnsucht, viele fremde Häfen anzusteuern, war einfach zu groß.

Ich erinnere mich an eine Geschichte, die ich ein paar Jahre später erlebte. Da hatte ich bereits ein schönes Stück von der Welt gesehen. Inzwischen wuchs mir ein recht stattlicher Bart im Gesicht.

Unser Schiff lag damals an Frankreichs
Mittelmeerküste vor Anker. Ich hatte allein
im Meer gebadet und ruhte nun nackt am
Strand. Plötzlich vernahm ich ein
gewaltiges Rauschen. Als ich den Kopf
hob, sah ich einen riesigen Fisch mit
bemerkenswerter Geschwindigkeit auf
mich zuschießen.

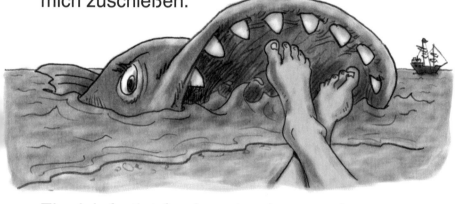

Ehe ich fortlaufen konnte, riss er sein
grässliches Maul auf und schnappte nach
mir. In meiner Verzweiflung rollte ich mich
so klein wie möglich zusammen. Auf diese
Weise rutschte ich ihm durch den Rachen
direkt in den Magen.

Da befand ich mich nun in völliger Dunkelheit und konnte nur hoffen, dass mich der Fisch sobald wie möglich wieder ausspucken wollte. Um einem solchen Verlangen nachzuhelfen, begann ich zu brüllen und um mich zu schlagen. Ich trat und boxte. Und schließlich tanzte ich einen wilden schottischen Volkstanz.

Dem Fisch wurde es davon tatsächlich ziemlich übel. Laut stöhnend hob er sich mit seiner vorderen Hälfte aus dem Wasser. Das sahen die Männer eines Handelsschiffs, das gerade vorbeisegelte.

Sie erlegten ihn mit ihren Harpunen und zogen ihn nicht ohne Mühe an Bord.

Bald bemerkte ich zwischen Freude und Sorge, dass sie anfingen, dem Fisch den Bauch aufzuschneiden. Um ihren Messern zu entgehen, stellte ich mich in die Mitte des Magens und machte mich so dünn wie möglich. Sobald der erste Lichtstrahl hereindrang, begrüßte ich die Seeleute mit lautem Hallo.

Schon meine Stimme versetzte sie in äußerstes Erstaunen. Aber als ich dann nackt und in voller Größe aus dem Fisch kletterte, fielen sie vor Verwunderung

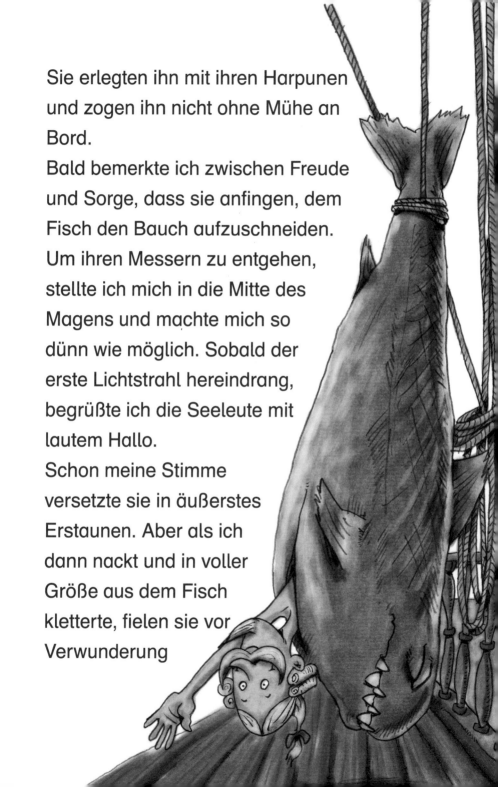

beinahe in Ohnmacht. Sie brauchten eine ganze Weile, um sich wieder zu beruhigen. Dann aber versorgten sie mich mit köstlichen Erfrischungen und hörten meinem Bericht atemlos zu.

Nachdem ich mich einigermaßen erholt hatte, machte ich einen Hechtsprung ins Meer. Zuerst spülte ich mich gründlich ab, dann schwamm ich eilig ans Ufer. Meine Sachen lagen immer noch dort, wo ich sie abgelegt hatte. Ein Blick auf meine Taschenuhr zeigte mir, dass ich nicht weniger als dreieinhalb Stunden im Magen des Fisches zugebracht hatte.

Zwischen Löwe und Krokodil

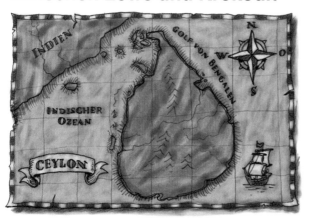

Eins meiner aufregendsten Abenteuer
erlebte ich auf der Insel Ceylon mitten im
Indischen Ozean. Nach einem
schrecklichen Sturm hatten wir unser
schwer beschädigtes Schiff mit Müh und
Not dorthin gebracht. Nun wartete ich
ungeduldig darauf, dass unsere Matrosen
es wieder flott und seetüchtig machten.
Schon zwei Wochen waren vergangen.
Das Warten fiel mir von Tag zu Tag
schwerer. Endlich beschloss ich, zum
Zeitvertreib auf die Jagd zu gehen.

Unternehmungslustig und frisch brach ich frühmorgens auf. Doch wegen der ungewohnten, immer größer werdenden Hitze fühlte ich mich gegen Mittag müde und schwach. Ich brauchte unbedingt eine Ruhepause. Also setzte ich mich am Ufer eines reißenden Flusses in den Schatten eines Baumes.

Plötzlich hörte ich hinter mir ein Geräusch. Ich drehte mich um und erstarrte vor Schreck. Auf dem Weg näherte sich brüllend ein gewaltiger Löwe. Er hielt seinen Blick fest auf mich gerichtet. Ich war sicher, dass er mich zum Mittagessen verspeisen wollte und nicht daran dachte, mich um Erlaubnis zu fragen.

Schnell griff ich nach meinem Gewehr. Das war zwar nicht mit tödlichen Kugeln, sondern nur mit Hasenschrot geladen, die Flinte würde jedoch einen ordentlichen

Knall abgeben. Ich hoffte, die Bestie damit zu vertreiben. Leider hatte ich mich verrechnet. Der Löwe geriet durch meine hastige Bewegung sichtlich in Wut und kam in großen Sprüngen auf mich zu. Mir blieb nur die Flucht in Richtung Wasser. Ich kehrte dem näher stürmenden Ungeheuer den Rücken und rannte los. Doch im nächsten Moment blieb ich stocksteif stehen. Denn nur wenige

Schritte von mir entfernt lag ein scheußliches Krokodil und sperrte sein Maul auf, um mich zu verschlingen.

Nie zuvor war ich in einer so furchtbaren Lage gewesen. Halb ohnmächtig vor Entsetzen sank ich zu Boden und erwartete die Klauen des Löwen oder die Zähne des Krokodils. Vielleicht auch beides. In mein Schicksal ergeben schloss ich die Augen.

Wenig später hörte ich jedoch ein Geräusch, für das ich keine Erklärung hatte. Vorsichtig richtete ich mich auf und schaute mich blinzelnd um.

Was ich sah, kam mir vor wie ein Wunder!

Die beiden Bestien befanden sich jetzt
direkt vor mir. Aber der Löwe steckte mit
seinem Kopf tief im Rachen des Krokodils.
Als ich am Boden lag, musste er über
mich hinweggesprungen und dort
gelandet sein, wo er keineswegs
hinwollte. Nun konnte er trotz großer
Anstrengung nicht mehr heraus, und auch
das Krokodil bemühte sich vergeblich,
ihn auszuspucken.

Mir fiel es nicht schwer, meine beiden ineinander verschlungenen Feinde mit dem Hirschfänger zur Strecke zu bringen. Ich wollte sie jedoch nicht einfach liegen lassen, sondern mietete im nächsten Ort einen Wagen. Damit transportierte ich sie zum Schiff. Meine Kameraden holten sie bereitwillig an Bord.

Zu Hause gab ich einem Kürschner den Auftrag, aus dem Fell des Löwen Tabaksbeutel zu machen. Die verschenkte ich an meine zahlreichen Freunde. Das Krokodil ließ ich fachgerecht ausstopfen. Danach verkaufte ich es an das Museum von Amsterdam, wo es Tag für Tag von vielen Besuchern bestaunt wurde.

Auch ich selbst ging gelegentlich hin. Einmal hörte ich, wie der Direktor des Museums den Leuten eine seltsame Geschichte erzählte. Er behauptete, dem

Krokodil sei zu Lebzeiten ein Löwe ins Maul gesprungen und am Hinterteil wieder herausgekommen.

„Der weltberühmte Baron von Münchhausen", erklärte der Direktor, „tötete den Löwen sofort mit dem Hirschfänger. Das Krokodil aber riss ihm die Waffe aus der Hand und verschlang sie so gierig, dass ihm die Spitze ins Herz fuhr und es auf der Stelle tötete."

Ich hätte dem Mann gern widersprochen.
Doch weil ich ihn nicht kränken wollte,
verließ ich das Museum still und heimlich
mit einem Kopfschütteln. Alle, die mich
kennen, wissen, dass ich nichts von
Lügenmärchen halte und selbst nur
Geschichten erzähle, die ich wirklich
erlebt habe.

Über „Münchhausen"

Es gibt viele Adelige mit dem Namen „Münchhausen". Wer aber war der Lügenbaron? Man vermutet, dass Karl Friedrich Hieronymus Freiherr von Münchhausen dahintersteckt. Er wurde im Jahr 1720 geboren.

Deutschland war zu dieser Zeit in viele kleine Königreiche zersplittert. Junge Adelige gingen zum Eintritt in die Gesellschaft oft an einen der vielen Höfe. Einer von ihnen war Münchhausen. Mit dreizehn Jahren wurde er im Herzogtum Braunschweig Hofpage. Er diente dem Herzog gut. Als er mit achtzehn Jahren in das kaiserliche Heer eintrat, stieg er bald zum Leutnant auf und kämpfte in vielen Kriegen.

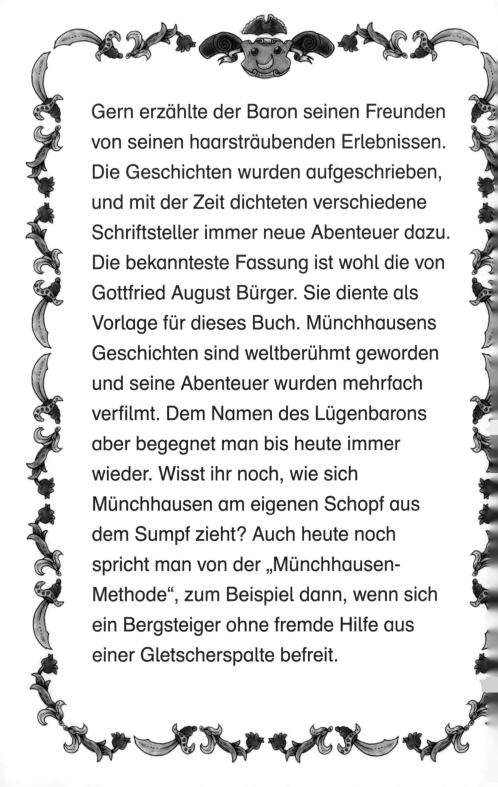

Gern erzählte der Baron seinen Freunden von seinen haarsträubenden Erlebnissen. Die Geschichten wurden aufgeschrieben, und mit der Zeit dichteten verschiedene Schriftsteller immer neue Abenteuer dazu. Die bekannteste Fassung ist wohl die von Gottfried August Bürger. Sie diente als Vorlage für dieses Buch. Münchhausens Geschichten sind weltberühmt geworden und seine Abenteuer wurden mehrfach verfilmt. Dem Namen des Lügenbarons aber begegnet man bis heute immer wieder. Wisst ihr noch, wie sich Münchhausen am eigenen Schopf aus dem Sumpf zieht? Auch heute noch spricht man von der „Münchhausen-Methode", zum Beispiel dann, wenn sich ein Bergsteiger ohne fremde Hilfe aus einer Gletscherspalte befreit.

Ingrid Uebe lebt in Köln, ist Kinderbuch-
autorin und hat schon viele, viele Bücher
geschrieben. Für den Leseraben schrieb
sie unter anderem
„6 1/2 Gespenster" und
„Ein Vampir im
Klassenzimmer".

Auch **Markus Spang** lebt in Köln und
illustriert Kinderbücher. Zum Malen setzt
er sich am liebsten auf einen Regenbogen.
Dann kann er seinen Pinsel direkt in die
bunten Regenbogenfarben eintauchen.
Das glaubt ihr nicht? Schade.

Jules Verne

Reise um die Erde in 80 Tagen

Nacherzählt von Ursel Scheffler

Mit Bildern von Franziska Harvey

Inhalt

Eine verrückte Wette

Phileas Fogg war ein Gentleman, den
nichts so leicht aus der Ruhe brachte.
Er legte großen Wert auf Genauigkeit
und Pünktlichkeit. Gerade hatte er einen
neuen Diener eingestellt, weil der alte das
Rasierwasser statt auf 30 Grad nur auf
29 Grad Celsius erwärmt hatte.
Am 2. Oktober 1872 lief Mr Fogg mit der
gewohnten Präzision die 575 Schritte mit

dem rechten und 576 Schritte mit dem linken Fuß von seiner Wohnung zum Reform-Club, dessen Mitglied er war. Dort nahm er jeden Tag seinen Lunch, das heißt sein Mittagessen, ein, las von 12.47 Uhr bis 14.45 Uhr die „Times" und traf sich dann mit Clubfreunden zum Plaudern und zum Whist-Spiel.

Diesmal war ein Bankraub, bei dem 55 000 englische Pfund aus der „Bank of England" verschwunden waren, das wichtigste Gesprächsthema.

„Der Dieb soll wie ein Gentleman ausgesehen haben", berichtete Mr Stuart, einer der Direktoren der beraubten Bank.

„Bestimmt ist dieser ‚Gentleman' längst über alle Berge. Heutzutage kann man in 80 Tagen um die ganze Welt reisen", bemerkte Phileas Fogg und mischte die Whist-Karten.

„Unsinn", brummte Mr Stuart. „Das ist nicht zu schaffen."

„Was wetten wir?", fragte Phileas Fogg und lächelte. Er las Kursbücher so gern wie andere Leute Romane und hatte die Reiseroute genau ausgerechnet.

„Ich setze 4000 Pfund, dass das nicht zu schaffen ist", sagte Stuart.

„Ich halte dagegen", antwortete Fogg.

„Unmöglich!", riefen auch die vier anderen am Kartentisch. „Wir wetten mit!"

„Also setze ich 20 000 Pfund. Mein halbes Vermögen. Und ich werde beweisen, dass es möglich ist! Der nächste Zug nach Dover geht heute Abend um 20.45 Uhr. Wir haben den 2. Oktober. Am 21.12. um 20.45 Uhr bin ich wieder in London."

Die Wette wurde aufgeschrieben, unterschrieben und besiegelt.

Passepartout packt

Phileas Fogg verließ um 19.25 Uhr den Club und erreichte sein Haus in der Saville Row um 19.50 Uhr.

„Passepartout", sagte Fogg mit der Taschenuhr in der Hand zu seinem neuen Diener. „Wir machen eine Reise um die Welt. In 80 Tagen. Packen Sie! Keine Koffer. Nur eine Reisetasche mit dem Allernötigsten. Um 20.20 Uhr müssen wir am ‚Charing Cross Bahnhof' sein."

„Verrückt! Er ist verrückt geworden!",
murmelte Passepartout, während er
packte. „In 80 Tagen um die Erde. Das ist
doch unmöglich!"
Er hatte sich auf das ruhige, geregelte
Leben bei einem ehrbaren englischen
Gentleman gefreut. Und nun das! Aber
er war in seinem abenteuerlichen Leben
schon mit ganz anderen Situationen fertig
geworden, und der Name „Passepartout"
bedeutete schließlich so viel wie „einer,
der überall durchkommt".
Punkt 20 Uhr war die Reisetasche gepackt!

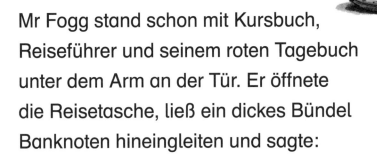

Mr Fogg stand schon mit Kursbuch,
Reiseführer und seinem roten Tagebuch
unter dem Arm an der Tür. Er öffnete
die Reisetasche, ließ ein dickes Bündel
Banknoten hineingleiten und sagte:

„20 000 Pfund! Passen Sie gut darauf auf!"
Passepartout bekam weiche Knie. Er hatte
noch nie so viel Geld auf einmal gesehen!
Um 20.20 Uhr setzte eine Kutsche die
beiden Weltreisenden am Gittertor vor
dem „Charing Cross Bahnhof" ab.
Dort warteten schon Foggs Clubfreunde.
„In 80 Tagen! Oder 20 000 Pfund!", riefen
sie Fogg spöttisch zu.
„In 80 Tagen!", erwiderte Fogg und
lächelte zuversichtlich.

Punkt 20.45 Uhr ertönte der Pfiff der Dampflok und der Zug zum Kanalhafen Dover setzte sich in Bewegung.

Während in London die Zeitungen ausführlich von der spektakulären Wette und dem Bankraub berichteten, befand sich Fogg auf der genau vorausberechneten Route über Paris nach Brindisi in Italien, wo er das Schiff „Mongolia" nach Suez besteigen wollte.

Im Hafen von Suez wurde die „Mongolia" mit Spannung erwartet. Der neue Kanal, der das Mittelmeer mit dem Indischen Ozean verband, hatte aus dem kleinen ägyptischen Nest eine quirlige Hafenstadt gemacht. Sie war jetzt ein beliebter Zufluchtsort für Gauner aller Art. Inspektor Fix hatte daher, genau wie die

englischen Polizeiagenten in anderen
wichtigen Hafenstädten, von Scotland
Yard den Auftrag bekommen, nach dem
„Gentleman-Bankräuber" zu fahnden.
Man vermutete, dass er versuchen könnte,
sich über Suez nach Indien abzusetzen,
um dort unterzutauchen.

Der Inspektor stand am Kai und musterte
jeden, der an Land ging, mit scharfem
Blick.
Als ihn ein Gentleman nach dem Weg
zum britischen Konsulat fragte, erregte
das sofort seinen Verdacht. Er folgte ihm
unauffällig und war bald sicher, dass es
der Gesuchte war. Die Haare, der Bart,

die Augenfarbe, die elegante Erscheinung:
Genau so hatte man ihm den Bankräuber
beschrieben!
Aber als Fix den Konsul bat, den Mann zu
verhaften, war der nicht dazu bereit.
„Der Gentleman hat sich im Konsulat
einen Visumstempel geholt. Das würde
ein Dieb nie tun", sagte der Konsul.
„Beschaffen Sie erst mal einen Haftbefehl
aus London!"
Fix beschloss, den Verdächtigen weiter zu
verfolgen. Notfalls bis nach Indien!

Phileas Fogg ahnte nicht, dass er
beschattet wurde. Er saß längst wieder
in seiner Kabine auf der „Mongolia" und
notierte in seinem roten Tagebuch:

Ankunft Suez 9. Oktober
Geplante Ankunft Bombay 22. Oktober

Während die „Mongolia" durchs Rote Meer fuhr, machte sich Inspektor Fix an den Diener des Verdächtigen heran, um ihn auszuhorchen.

Bereitwillig erzählte Passepartout bei einem Glas Bier von der überstürzten Abreise, der verrückten Wette und dem ungenauen Reiseziel seines Herrn. „Sehr verdächtig!", murmelte der Inspektor und schrieb heimlich alles in sein Protokoll.

Das Tempelabenteuer in Bombay

Die lange Reise durch den Indischen Ozean
fand Fogg sehr kurzweilig, weil er an Bord
einige Partner zum Whist-Spiel traf.
Am 20. Oktober um 15.30 Uhr machte die
„Mongolia" im Hafen von Bombay fest.
„Zwei Tage früher als geplant!", vermerkte
Fogg zufrieden in seinem Tagebuch.
Früher hatte man mit Pferden, Kamelen,
Sänftenträgern oder Kutschen den
indischen Subkontinent durchquert,
wenn man den langen, gefährlichen

Seeweg vermeiden wollte. Jetzt gab es
eine Eisenbahnlinie von Bombay über
Allahabad nach Kalkutta. Da dauerte die
Reise quer durch Indien – laut Fahrplan –
nur noch drei Tage!

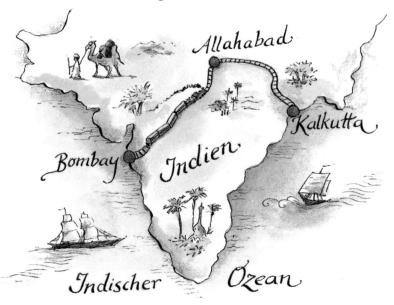

Fogg verabschiedete sich in Bombay von
seinen Whist-Partnern, holte sich seinen
Visumstempel beim Konsul in Bombay
und gönnte sich ein gemütliches Essen im
Bahnhofsrestaurant.

Inspektor Fix eilte unterdessen zum Polizeichef. Doch der weigerte sich ebenfalls, ohne Anweisung aus London einen englischen Gentleman zu verhaften. Fix kochte vor Wut. Als er erfuhr, dass der Verdächtige mit der Bahn von Bombay nach Kalkutta weiterreisen wollte, beschloss er zähneknirschend, ihm zu folgen.

Während Fogg im Bahnhofsrestaurant indisch speiste, durchstreifte Passepartout die aufregende Stadt. Er kaufte Hemden und Socken für seinen Herrn und folgte dann einer bunt gekleideten Menschenmenge, die zu einem Tempelfest strömte. Er bestaunte die prächtige Pagode von „Malabar Hill" und ging dann neugierig hinein. Als er gerade andächtig die kunstvollen, vergoldeten

Schnitzereien bestaunte, stürzten sich
plötzlich zwei Priester auf ihn und warfen
ihn auf den Steinboden. Sie rissen ihm
die Schuhe von den Füßen, schrien und
beschimpften ihn. Passepartout wehrte
sich heftig und floh schließlich barfuß und
ohne seine Einkäufe aus dem Tempel.
Fünf Minuten vor Abfahrt des Zuges
erreichte er atemlos den Bahnhof.
„Ich hoffe, dass so etwas nicht noch
einmal vorkommt", tadelte ihn Fogg
nach einem strengen Blick auf seine
Taschenuhr.

Als Inspektor Fix von Passepartouts gefährlichem Tempelabenteuer erfuhr, rieb er sich schadenfroh die Hände und murmelte: „Tempelfrevel! Ein Delikt auf indischem Boden! Jetzt kriege ich den Kerl!"

Draußen vor den Zugfenstern glitt die abwechslungsreiche nordindische Landschaft vorbei: Kleine Dörfer und Städte mit Tempeln und Pagoden, Reisfelder, Baumwoll- und Teeplantagen zwischen Bächen und Flüssen. Im selben Abteil wie Fogg reiste auch Brigadegeneral Sir Francis, den Fogg beim Whist-Spielen an Bord der „Mongolia" kennengelernt hatte. Er war ein gebildeter Mann, der lange Zeit in Indien gelebt hatte.

Als es Nacht wurde, keuchte der Zug durch das Bergland, und am nächsten Morgen durchquerte er das Gebiet, in dem die Verehrer der Göttin Kali heute noch Menschen opferten. Das erzählte jedenfalls Sir Francis.

Am 22. Oktober morgens um acht Uhr hielt der Zug plötzlich auf offener Strecke. „Endstation", sagte der Lokführer, und die genervten Reisenden erfuhren, dass die nächsten 50 Meilen bis Allahabad am Ganges noch nicht fertiggestellt waren.

Sir Francis schäumte vor Wut und hätte am liebsten den Lokführer verprügelt, der gar nichts dafür konnte.

Phileas Fogg bewahrte weiterhin seinen unerschütterlichen Gleichmut und sagte: „Derartige Zwischenfälle habe ich einkalkuliert. Ich habe bis jetzt zwei Tage Zeitreserve. So werden wir den Dampfer von Kalkutta nach Hongkong trotzdem pünktlich erreichen. Notfalls gehen wir eben zu Fuß nach Allahabad."

„Ich glaube, ich habe eine bessere Idee", mischte sich Passepartout ein. „Wir reiten! Ganz in der Nähe habe ich einen Elefanten entdeckt!"

Aber der Besitzer des Tieres wollte seinen Elefanten weder verkaufen noch vermieten. Als Phileas Fogg ihm schließlich die unglaubliche Summe von 2000 Pfund bot, wurden sie handelseinig.

Das Dschungelabenteuer

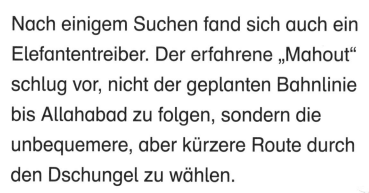

Nach einigem Suchen fand sich auch ein
Elefantentreiber. Der erfahrene „Mahout"
schlug vor, nicht der geplanten Bahnlinie
bis Allahabad zu folgen, sondern die
unbequemere, aber kürzere Route durch
den Dschungel zu wählen.
Fogg kletterte in einen der Tragekörbe,
die über den Rücken des Elefanten
hingen, und Sir Francis in den anderen.
Passepartout setzte sich auf die
Satteldecke.
So schaukelten sie davon.

Sie hatten schon mehr als eine Tagereise
zurückgelegt, da blieb der Elefant plötzlich
stehen. In der Ferne hörte man Musik und
Menschenstimmen, die näher kamen.
„Es ist besser, wenn man uns nicht
entdeckt", sagte der „Mahout" besorgt.
„In dieser Gegend kann man nie wissen ..."
Sie verbargen sich im Wald und
beobachteten, wie eine Prozession
von Priestern, Fakiren und Musikanten
vorbeizog.

Männer, Frauen und Kinder folgten einem Wagen, der von buckligen Zebu-Rindern gezogen wurde. Seine riesigen Räder waren mit Schlangen dekoriert.

„Vorsicht! Die Schlange ist das Symbol der grausamen Göttin Kali", warnte Sir Francis. „Sehen Sie die junge Frau, die die Priester mit sich schleppen? Auf dem Wagen ist vermutlich der Leichnam ihres Mannes."

Er erklärte, dass es in dieser Gegend Sitte war, die Witwe mit dem Körper des verstorbenen Mannes auf einem Scheiterhaufen zu verbrennen.

„Oje! Die Unglückliche!", flüsterte Passepartout entsetzt.

„Sie scheint keinen Widerstand zu leisten", wunderte sich Fogg.

„Weil man sie mit Opium betäubt hat", erklärte der „Mahout". „Sie wird die Nacht im Tempel verbringen. Bei Tagesanbruch stirbt sie den Flammentod."

„Wir müssen die arme Frau retten", sagte Fogg entschlossen. Er sah auf die Uhr. „Ich habe noch zwölf Stunden Vorsprung. Die will ich gern dafür opfern."

Passepartout war von der Idee seines Herrn überrascht. Fogg, der bisher wie ein Uhrwerk zu funktionieren schien, zeigte auf einmal, dass er ein Herz hatte.

Der Elefantenführer erzählte, dass es sich bei der jungen Frau um die Tochter eines reichen Kaufmanns handelte. Sie hieß Aouda und hatte in Bombay eine englische Schule besucht. Nach dem überraschenden Tod ihrer Eltern war sie vor drei Monaten gegen ihren Willen mit dem alten Maharadscha verheiratet worden, dessen Witwe sie jetzt war.

Fogg und seine Reisegefährten warteten die Nacht ab. Dann schlichen sie zum Tempelvorplatz, der mit Fackeln erleuchtet war.

In seiner Mitte war der Scheiterhaufen aus duftendem Sandelholz aufgeschichtet. Obenauf lag der Leichnam des Maharadschas.

„Kommen Sie!", flüsterte der „Mahout".

„Sie ist im Tempel."

Doch die Tempeltore waren alle fest verschlossen. Wachsoldaten mit Säbeln marschierten davor auf und ab. Es war unmöglich, unbemerkt zu der Gefangenen hineinzukommen.

Gegen Mitternacht versuchten die Männer auf der Rückseite der Pagode einzudringen. Sie lösten gerade mit ihren Messern einen Stein aus dem Mauerwerk, da hörten sie aus dem Inneren des Tempels einen Schrei. Hatte sie jemand bemerkt und Alarm geschlagen?

„Lauft um euer Leben!", rief der „Mahout".

Gerade noch rechtzeitig verschwanden die vier Männer im Wald.

Jetzt zogen auch an der Rückseite des Tempels bewaffnete Wächter auf.

Die Retter hatten keine Chance mehr.

Passepartout kletterte flink in die Äste
eines Baumes und suchte dort einen
sicheren Schlafplatz. Nicht umsonst
war er im Verlauf seines Lebens schon
Akrobat und Zirkuskünstler gewesen!
Mitten in der Nacht hatte er eine Idee,
von der er seinen Reisegefährten nichts
erzählte.

Als der Morgen anbrach, hörte man
dumpfe Trommelwirbel. Die Tore des
Tempels öffneten sich. Das verschleierte
Opfer wurde von zwei Priestern zum
Scheiterhaufen gezerrt.

Als man die junge Frau zu der Leiche ihres Mannes legte, mussten Sir Francis und der „Mahout" Fogg mit Gewalt zurückhalten, weil er sich empört auf die Priester stürzen wollte. Jetzt hielt einer von ihnen eine Fackel an das mit Öl getränkte Holz. Flammen züngelten gierig empor.

Plötzlich ging ein Aufschrei durch die Menge. Der tote Maharadscha richtete sich auf, nahm seine junge Frau auf den Arm und trug sie wie ein Gespenst durch den Feuerqualm in den Dschungel hinein.

Die Zuschauer waren durch das „Wunder"
dieser Auferstehung vor Schreck wie
gelähmt. Viele warfen sich auf den
Boden, beteten und verbargen ihr Gesicht
zwischen den Armen.

„Los! Nichts wie weg von hier!", keuchte
Passepartout, denn er war es, der die
ohnmächtige Frau auf seinen Armen trug.
„Es hätte uns das Leben kosten können",
sagte der „Mahout", als sie mit dem
Elefanten, der jetzt eine Reisende
mehr trug, auf einem verborgenen
Dschungelpfad verschwanden.

Von Kalkutta nach Hongkong

Erleichtert sanken die Reisenden in Allahabad in die Polster des Zuges nach Kalkutta.

„Wesentlich bequemer als die Sattelkörbe des Elefanten!", seufzte Sir Francis.

Den Elefanten hatte Fogg beim Abschied dem überglücklichen „Mahout" geschenkt und sich so für dessen Mut und Umsicht bedankt.

Sir Francis stieg in Benares aus, wo ihn seine Truppen erwarteten.

Aouda, die sich allmählich von dem

schrecklichen Abenteuer erholte, war
dankbar, dass sie mit Fogg bis Hongkong
mitreisen konnte, wo sie einen Onkel hatte.
Fogg freute sich sehr darüber, denn die
junge Frau war ihm inzwischen sehr ans
Herz gewachsen.

Der Zug fuhr weiter durch das Ganges-
Tal, bis sie gegen 19 Uhr Kalkutta
erreichten.
Es blieben noch fünf Stunden Zeit bis zur
Abfahrt des Dampfers nach Hongkong.
Fogg wollte gleich an Bord gehen,
um für Aouda eine bequeme Kabine
zu besorgen. Aber da stellte sich ihm
überraschend ein Polizist in den Weg und
schleppte Fogg und seine Gefährten ohne
Angabe eines genauen Grundes vor den
Richter.

Fogg vermutete, dass der Grund dafür Aoudas Entführung wäre. Aber da irrte er sich. Die Anklage (die der listige Inspektor Fix in die Wege geleitet hatte) lautete auf Tempelschändung!

Das Beweisstück waren Passepartouts Schuhe, die ihm die wütenden Tempeldiener in Bombay von den Füßen gerissen hatten. Passepartout wurde zu 14 Tagen Gefängnis verurteilt und sein Herr wegen Mitschuld zu einer Woche Haft.

Fix, der alles heimlich beobachtete, vernahm es mit Befriedigung.

„Ich zahle eine Kaution!", sagte Fogg ruhig.

Man einigte sich auf eine Summe, die fast ein ebenso großes Loch in die Reisekasse riss wie der Elefant!

Inspektor Fix hätte sich am liebsten
vor Wut in der Luft zerrissen, als er mit
ansehen musste, wie die Reisenden
trotz seiner Intrige freikamen und mit
einer Kutsche zum Hafen fuhren. Dort
bestiegen sie die „Rangoon", einen
Schraubendampfer, der sie nach
Hongkong bringen sollte.

Die Weiterreise verlief zunächst ohne
Zwischenfälle.
Als Passepartout einmal auf dem Deck
spazieren ging, traf er mit Fix zusammen.

„Welch ein Zufall! Reisen Sie auch um die Welt?", fragte Passepartout überrascht.

„Nein, nur bis Hongkong", versicherte Fix und lud ihn zu einem Drink ein.

„Wird Ihr Herr diese Frau mit nach Europa nehmen?", erkundigte sich Fix, denn er hatte blitzartig den Hintergedanken, dass er Fogg vielleicht in Hongkong wegen der Entführung einer Inderin festnehmen lassen könnte.

„Nein, wir begleiten sie nur bis Hongkong zu ihrem Verwandten", sagte Passepartout. Fix hatte Mühe, seine Enttäuschung zu verbergen.

Passepartout fand es seltsam, dass sie immer wieder auf Fix trafen. Er hatte den Verdacht, dass er ein Detektiv war, den die misstrauischen Freunde des

Reform-Clubs seinem Herrn an die Fersen geheftet hatten.

Kurz vor Hongkong geriet das Schiff in einen bösen Sturm, der die Ankunft um einen Tag verzögerte. Es war abzusehen, dass Fogg den Anschlussdampfer nach Yokohama nicht erreichen würde.

Fix rieb sich die Hände. Der Wettergott war auf seiner Seite! Aber er freute sich zu früh. Die Abfahrt des Dampfers „Carnatic" hatte sich wegen Reparaturarbeiten ebenfalls um einen Tag verzögert. Die planmäßige Abfahrt war jetzt erst am nächsten Morgen.

Phileas Fogg nutzte die Zeit, um mit
Aouda nach ihrem Onkel zu suchen,
einem indischen Kaufmann. An der Börse
erfuhren sie, dass der Mann vor einiger
Zeit nach Holland ausgewandert war.
„Was mache ich jetzt?", fragte Aouda
verzweifelt. „Nach Indien kann ich nicht
zurück, da wird man mich töten."
„Ganz einfach: Sie kommen mit uns
nach Europa", sagte Fogg entschlossen.
Und dann schickte er Passepartout zur
„Carnatic" und ließ drei Schiffskabinen
reservieren.

Im Schifffahrtsbüro traf Passepartout auf
Fix. Dort erfuhren die beiden, dass die
„Carnatic" nun doch schon am Abend
um 20 Uhr abfahren werde, weil die
Reparaturen schneller beendet waren als
gedacht.

„Da können wir vorher noch gemütlich ein Gläschen trinken", sagte der hinterlistige Fix zu Passepartout, denn er wollte um jeden Preis verhindern, dass der seinem Herrn von der früheren Abfahrtszeit des Schiffes berichtete.

Kurz darauf betraten die beiden eine verräucherte chinesische Spelunke, in der Seeleute mehr oder weniger berauscht auf Polstern herumlagen. Die meisten rauchten Opium in langstieligen Tonpfeifen.

„Ich vermute, wir sind in eine Opiumhöhle geraten", flüsterte Fix. „Ich denke, wir trinken lieber einen Portwein!"
Nach der ersten Flasche wollte Passepartout gehen, um endlich seinen Herrn zu benachrichtigen. Aber Fix bestellte schnell noch eine Flasche.
So war Passepartout schon ein wenig wackelig auf den Beinen, als Fix vertraulich einen Arm um ihn legte und sagte: „Sagen Sie, könnten Sie mir helfen, Mr Fogg ein paar Tage in Hongkong aufzuhalten?"
„Die Herren vom Reform-Club in Lo-lo-London sollten sich sch-sch-ämen", stammelte der angetrunkene Passepartout empört. „S-Sie schicken meinem Herrn einen Aufpasser nach und jetzt wollen s-sie ihm noch einen Knüppel zwischen die Beine werfen!"

„Hören Sie: Ich bin nicht von diesem Club angestellt! Ich bin Inspektor von Scotland Yard und verfolge einen Bankräuber! Diese Wette ist doch nur eine Lüge. Ein Vorwand für die hastige Flucht! Das Geld in Ihrer Reisetasche stammt aus einem Raub bei der ‚Bank of England'. Sie bekommen die Hälfte der ausgesetzten Belohnung, wenn Sie mir helfen!"

„Niemals – hicks – ich bin ein treuer Diener – hicks – er ist ein guter Herr, nicht für die ganze ‚Bank of England' – hicks - würde ich ihn verraten …", rief Passepartout empört.

Fix stand auf, nahm einem schlafenden Chinesen die Opiumpfeife weg und steckte sie Passepartout zwischen die Lippen.

Der wusste nicht, wie ihm geschah, und rutschte nach kurzer Zeit betäubt vom Stuhl.

Als Passepartout am nächsten Morgen nicht beim Frühstück auftauchte, bestellte Fogg eine Sänfte und ließ sich mit Aouda zum Hafen tragen. Dort erfuhr er, dass nicht nur sein Diener weg war, sondern auch der Dampfer nach Yokohama!
Dafür traf er auf Mr Fix. Der beklagte scheinheilig, dass man nun acht Tage auf das nächste Schiff warten müsse.
Aber Fix unterschätzte Foggs Zielstrebigkeit und sein großes Organisationstalent. Phileas Fogg fand ein Lotsenboot, das ihn nach einer stürmischen Seereise über Nagasaki nach Shanghai brachte, wo er auf ein Linienschiff nach Yokohama umstieg.

Reise nach Amerika

Als Fogg am 14. November pünktlich
in Yokohama eintraf, lag die „Carnatic"
schon im Hafen vor Anker. Phileas Fogg
ging sofort hin, um nach Passepartout zu
suchen. Er erfuhr, dass sein Diener am
Vorabend von Bord gegangen war.
Daraufhin durchstreifte er mit Aouda die
Straßen von Yokohama, um nach ihm zu
suchen. Durch Zufall stießen sie auf einen
Straßenzirkus, bei dem sich Passepartout
gerade mit akrobatischen Kunststücken
etwas Geld verdiente.

Er machte vor Freude einen dreifachen Flickflack, als er seinen Herrn in der Menge entdeckte! Passepartout erzählte von der Hafenkneipe in Hongkong und von seinem verhängnisvollen Rausch. Die schändlichen Verdächtigungen von Fix erwähnte er nicht. Das schien ihm doch zu ehrenrührig.

Das Linienschiff nach San Francisco hieß „General Grant". Es war ein großer Raddampfer, der für die Strecke nur 21 Tage benötigte, weil er mit seinen drei Segelmasten zusätzlich die Windkraft nutzte. Der Stille Ozean machte seinem Namen alle Ehre, und so trafen sie pünktlich am 3. Dezember um sieben Uhr in San Francisco ein. Phileas Fogg war erleichtert:

Der Zug nach New York ging um 18 Uhr.
Gegen 20 Uhr wurden in den bequemen
Pullmannwagen der „Central Pacific
Eisenbahn" die Schlafwagenbetten für die
Reisenden hergerichtet.
Am nächsten Morgen erreichte der Zug
den Bundesstaat Nevada.
Der Zug fuhr am „Humbold River" entlang
und durchquerte die weite Prärie.
Um 15 Uhr hielt er mit einem Ruck.
Eine riesige Bisonherde zog gemächlich
über die Gleise, und es dauerte bis
zum Einbruch der Dunkelheit, ehe die
Reisenden weiterfahren konnten.

Zum Glück stellte sich heraus, dass Aouda Whist spielen konnte. Das machte sie in den Augen von Phileas Fogg noch ein bisschen sympathischer.

Am nächsten Morgen, als Fogg wieder einmal die Karten mischte, hörte man ein lautes Warnsignal der Lok.

Der Grund war diesmal keine Büffelherde, sondern ein Überfall. Sioux-Indianer stürmten den Zug! Zu Hunderten kletterten sie auf die Trittbretter. Der Heizer und der Lokführer wurden außer Gefecht gesetzt. Der Häuptling versuchte die Lok zum Stehen zu bringen, drehte aber stattdessen den Dampf auf. Der Zug raste daraufhin mit 130 Kilometern in der Stunde durch die verschneite Landschaft.

Der Gepäckwagen war bereits in den Händen der Indianer. Koffer, Kleider, Schuhe und Strümpfe flogen in hohem Bogen heraus. Die Reisenden versuchten sich zu verteidigen, so gut es ging. Das nächste Fort mit Soldaten war nur noch wenige Kilometer entfernt, aber der Zug war nicht zu bremsen.

„Wenn wir den Zug in fünf Minuten nicht zum Stehen bringen, sind wir verloren!", schrie der Schaffner.

„Das krieg ich hin!", rief Passepartout.

Er ließ sich – unbemerkt von den Indianern – von der Plattform gleiten. Mit akrobatischem Geschick kletterte er durch das ratternde Fahrgestell. Über ihm tobte der Kampf. Unter ihm stoben die Funken der Lok vorbei. So gelangte er zwischen Gepäckwagen und Tenderlok. Mit letzter Kraft löste er die Sicherheitskette und die Kupplung zwischen Lok und Waggons.

Die Lokomotive brauste allein davon. Endlich verlangsamten die Wagen ihre Fahrt. Der schwer verwundete Bremser im letzten Wagen brachte den Zug direkt vor dem Fort zum Stehen.

Aber wo war Passepartout?

„Die Indianer haben ihn mitgenommen!", rief der Bremser.

Fogg gelang es, für 1000 Pfund eine Schar Freiwilliger anzuwerben, die gemeinsam mit ihm die Indianer verfolgten.

170

Aouda blieb mit klopfendem Herzen (und Inspektor Fix!) zurück im Fort.

Zur großen Freude aller kam die Lok bald darauf zurück! Dem verletzten Heizer und dem Lokführer war es, nachdem sie aus der Bewusstlosigkeit erwacht waren, gelungen, die Dampfmaschine wieder zu bändigen. Die Waggons wurden angekoppelt und der Zug setzte die Reise fort. Ohne Fogg und Passepartout! Worüber sich nur Inspektor Fix freute ... Aouda war außer sich, dass man nicht warten wollte, zumal ja alle Passepartout ihre Rettung verdankten. Sie hoffte nur, dass die beiden unversehrt zurückkamen. Die Nacht brach herein. Es schneite.

Gegen sieben Uhr morgens hörte Aouda
Schüsse in der Ferne. Eine Reiterschar
näherte sich. Fogg und Passepartout
ritten voran. In Foggs Hut steckte ein

Indianerpfeil. Aber er war
unverletzt. Mithilfe der Soldaten
hatte er die Indianer überwältigt
und Passepartout befreit.

Fix hatte für die Weiterreise einen
Eissegler organisiert, auf dem die vier
jetzt Platz nahmen.
Um acht Uhr ging es los. Der Wind stand
günstig. Der Segelschlitten glitt schnell
über die verschneite Ebene dahin.

Man sah kein Haus, kein Dorf, keinen
Bären, höchstens ab und zu einen
mageren Präriewolf.

Um 13 Uhr hielt der Schlitten vor dem
Bahnhof von Omaha. Fogg konnte nicht
gleich aufstehen. Er war festgefroren! So
kalt war es.
Sie erreichten den Zug nach Chicago und
dort auch den Anschluss nach New York.
Leider war das von Fogg eingeplante
Schiff, die „China", eine Dreiviertelstunde
vor ihrer Ankunft ausgelaufen.
Fogg ging zum Hafen und hielt nach einer
Alternative Ausschau.

Ein Skipper, der mit seinem Schiff
„Henriette" gerade von New York nach
Bordeaux losfahren wollte, weigerte sich,
stattdessen Liverpool anzusteuern.
Für 8000 Dollar überredete Fogg ihn, die
kleine Reisegruppe mitzunehmen.
Aber Fogg wollte nach Liverpool, nicht
nach Bordeaux. Daher sperrte er auf
hoher See den Kapitän in seiner Kajüte
ein und übernahm selbst das Kommando.
Er änderte die Fahrtrichtung und nahm
Kurs auf Liverpool. „Volle Fahrt voraus!",
befahl er dem Maschinisten.
Weil sie so schnell fuhren, waren auf
halber Strecke die Kohlen aufgebraucht.
Da befahl Fogg, die Decksaufbauten zu
verfeuern. Der Kapitän tobte! Fogg kaufte
ihm schließlich für 60 000 Dollar das
ganze Schiff ab.
Um 0.59 Uhr lief das, was von der

„Henriette" noch übrig geblieben war, im Hafen von Cork ein. Dort wollte Fogg das Postschiff erreichen, das die Expresspost nach Liverpool brachte. Er schaffte es! Jetzt musste er nur noch zum Zug nach London. Vor dem Bahnhof sagte eine raue Stimme hinter ihm: „Mr Fogg: Sie sind verhaftet."

Es war Inspektor Fix, der ihm auf englischem Boden endlich den Haftbefehl vor die Nase halten konnte.

Von Liverpool nach London

Phileas Fogg saß im Gefängnis und
schrieb in sein rotes Tagebuch:

80. Tag: 11.40 Uhr Ankunft in Liverpool
Noch 9 Stunden und fünf Minuten!
Mit dem Schnellzug könnte ich es
gerade noch bis London schaffen.
Aber ich bin gefangen...

Da hörte er Stimmen vor der Tür. Die Zelle wurde aufgeschlossen. Inspektor Fix trat herein, gefolgt von Aouda und Passepartout.

Fix war völlig aufgelöst und stammelte: „Entschuldigen Sie die Unannehmlichkeiten, Mr Fogg! Ich hielt Sie für den ‚Gentleman-Bankräuber'. Aber wie ich soeben erfahre, ist der echte Dieb seit drei Tagen verhaftet!"

Da stand Fogg auf und tat etwas, was er noch nie getan hatte und auch nie wieder tun würde: Er gab Fix einen Kinnhaken. Der fiel um wie ein nasser Sack.

Passepartout jubelte. Sie rasten zum Zug nach London. Doch leider gab es auf der Strecke einige Verzögerungen. Als sie in London ankamen, zeigte die Uhr von Big Ben 20.50 Uhr. Sie waren fünf Minuten zu spät dran! Die Wette war verloren.

Aoudas mutige Frage

Auch nach dieser herben Enttäuschung
blieb Fogg ein Gentleman. Er entschuldigte
sich bei Aouda und sagte, dass er
gehofft hatte, ihr mit seinem Vermögen
beizustehen, aber jetzt sei er leider ein
armer Mann.

„Jetzt brauchen Sie jemanden, der ihnen
beisteht", sagte Aouda. Sie sah ihn an
und sagte dann leise: „Geteiltes Leid ist
halbes Leid. Wollen Sie mich heiraten,
Mr Fogg?"

Fogg verlor zum zweiten Mal an diesem Tag die Fassung und schloss sie fest in die Arme. Dann läutete er nach Passepartout und bat ihn, das Aufgebot für den nächsten Morgen zu bestellen. Passepartout lief los, kam aber kurz darauf ganz aufgeregt zurück und rief: „Es geht nicht, weil morgen Sonntag ist! Wir sind der Sonne entgegengefahren und haben an der Datumsgrenze einen Tag gewonnen. Kommen Sie! Wir haben nur noch zehn Minuten. Schnell!"
Er packte seinen verblüfften Herrn am Kragen, schob ihn in die nächste Kutsche und jagte mit ihm zum Clubhaus.

Die fünf Wettpartner standen im Salon vor der großen Standuhr und beobachteten, wie der Zeiger auf die vereinbarte Zeit rückte.

Sie waren ganz sicher, dass sie die Wette
gewonnen hatten. Der Champagner stand
schon bereit.

„Noch fünf Sekunden", sagte Mr Stuart
und dann zählten sie gemeinsam:
„55, 56, 57 …"

In der 57. Sekunde öffnete sich die große
Salontür. Phileas Fogg trat herein und
sagte: „Hier bin ich, meine Herren!"

Jules Verne

wurde 1828 als Sohn eines Anwalts geboren und wuchs mit vier Geschwistern auf einer Insel in der Loire, ganz in der Nähe der französischen Hafenstadt Nantes, auf. Abenteuer reizten Jules schon als Kind – und er war voller Reiselust! Mit elf Jahren schmuggelte er sich an Bord eines Schiffes, das nach Indien fuhr. Sein Vater holte ihn allerdings im nächsten Hafen wieder von Bord. Jules sollte Jura studieren. Nach dem Schulabschluss schickte der Vater seinen Sohn zum Studium nach Paris.

Dort machte Jules die Bekanntschaft von Naturforschern, Erfindern und Schriftstellern. Alexandre Dumas, der erfolgreiche Autor der „Drei Musketiere", wurde sein Förderer und Vorbild. Und einen Förderer brauchte er, denn der strenge Vater drehte den Geldhahn zu, als er merkte, dass sein Sohn Bücher und Theaterstücke schrieb, anstatt Jura zu studieren.

Auf einer Hochzeit in Amiens verliebte er sich in die Schwester der Braut, eine junge Witwe mit zwei kleinen Töchtern. Er heiratete sie und bekam mit ihr noch einen Sohn.

Um seine Familie zu ernähren, arbeitete Jules eine Zeit lang im Büro eines Börsenmaklers, bis sich der schriftstellerische Erfolg einstellte.

„Reise um die Erde in 80 Tagen" (ab 1872) zählt zu den bekanntesten seiner über 90 Werke. Der Roman erschien erst als Fortsetzungsgeschichte in einer Zeitschrift. Die Leser warteten gespannt auf jede neue Folge. Sie schlossen sogar Wetten ab, ob Fogg seine Wette gewinnen würde oder nicht. Es folgte eine Theaterversion mit einem lebenden Elefanten auf der Bühne. Vernes Einfallsreichtum und sein wissenschaftliches Interesse machten ihn zu einem der ersten Science-Fiction-Autoren. Weder er noch sein Publikum ahnten damals, dass viele seiner Erfindungen 100 Jahre später Wirklichkeit werden würden.

Viele Geschichten von Jules Verne bieten noch in unserer Zeit Anregung für Filme und Theaterstücke wie „Käpt'n Nemo" und „Die Nautilus". Auch die NASA entlehnte die Namen des Raumschiffs Apollo und des Space Shuttles Columbia aus den utopischen Geschichten von Jules Verne.

Ursel Scheffler ist in Nürnberg geboren, studierte Sprachen und Literatur in Erlangen und München und lebt heute in Hamburg. Seit ihre drei Kinder erwachsen sind (und selbst Kinder haben), geht sie ebenso gern auf Abenteuerreise wie Jules Verne. Sie erinnert sich noch gern an den ersten gemeinsamen Kinobesuch mit ihrem Mann im Jahr 1960. Der Film hieß: „Reise um die Erde in 80 Tagen"! Ursel Scheffler gehört zu den bekanntesten und beliebtesten Kinderbuchautorinnen in Deutschland und hat bis heute rund 300 Bücher veröffentlicht (viele davon bei Ravensburger), die in über 30 Sprachen übersetzt wurden. Mehr über Ursel Scheffler erfahrt ihr unter **www.scheffler-web.de**.

Franziska Harvey wurde 1968 in Frankfurt am Main geboren. Nach ihrem Studium der Illustration und Kalligrafie begann sie als freiberufliche Illustratorin für verschiedene Verlage und Agenturen zu arbeiten. Mittlerweile illustriert sie viele, viele Kinderbücher. Franziska Harvey lebt mit ihrem Mann und ihren drei Kindern in Frankfurt.

James M. Barrie

Peter Pan

Nacherzählt von Rüdiger Bertram

Mit Bildern von Rolf Bunse

Inhalt

Niemals erwachsen

Es gibt Kinder, die wollen ganz schnell erwachsen werden. Sie glauben, dass ihnen dann keiner mehr etwas verbieten kann.

Andere wollen am liebsten für immer Kind bleiben. Sie ahnen, dass es die beste Zeit ihres Lebens ist. Peter Pan war so ein Kind. Das allein war nichts Besonderes. Besonders war, dass er es geschafft hatte: Peter Pan wurde niemals erwachsen.

Die Reise nach Nimmerland

Sie flogen. Nicht in einem Ballon oder
in einem Flugzeug, sondern ganz von
alleine. Peter Pan sauste mit seiner
kleinen, glitzernden Fee Tinker Bell
voran. Wendy und ihre Brüder, John und
Michael, hatten Mühe, sie zwischen den
Wolken nicht aus den Augen zu verlieren.

Peter gab ein wenig damit an, wie toll er fliegen konnte. Übermütig stürzte er kopfüber auf das Meer zu, um ein paar Haien auf die Flossen zu klopfen.

Dann stieg er wieder hoch hinauf in den Himmel, krähte aus vollem Hals „Kikeriki!" und umkurvte äußerst elegant ein paar Wolken.

Für Wendy und ihre Brüder war es nicht so einfach, den Wolken auszuweichen.

„Au!", schrien die Geschwister immer wieder, wenn sie gegen eines der harten Wolkenkissen prallten.

Trotzdem machte das Fliegen Spaß. Riesigen Spaß sogar. Mit Tinker Bells Feenstaub war es ganz leicht gewesen. Sie hatten sich in die Luft erhoben und waren Peter durch das offene Fenster ihres Kinderzimmers hinaus in den sternklaren Nachthimmel gefolgt.

Bei seinen Besuchen hatte Peter den
Kindern von seiner Heimat erzählt, der
Insel Nimmerland. Auf Nimmerland lebten
Piraten, Indianer und die Verlorenen
Jungs, deren Anführer er war.

Die Verlorenen Jungs waren als Babys alle aus dem Kinderwagen gefallen, ohne dass ihre Kindermädchen es bemerkt hatten.

Als sie nach zwei Wochen immer noch niemand vermisste, hatte man sie nach Nimmerland geschickt. Dort wohnten sie nun zusammen mit Peter Pan in einem Haus unter der Erde.

Peters Berichte waren so unglaublich, dass Wendy, John und Michael die Insel unbedingt mit eigenen Augen sehen wollten. Ohne einen Gedanken an ihre Eltern zu verschwenden, hatten sie Peters Einladung angenommen, ihn nach Nimmerland zu begleiten.

„Ist es noch weit?", fragte Michael und gähnte.

„Keine Ahnung, aber das ist bestimmt

schon der dritte oder vierte Ozean, den wir überfliegen", antwortete John und zeigte auf das endlose Wasser unter ihnen. Wendy schwieg. Sie machte sich Sorgen, weil Michael ständig einschlief und dann wie ein Stein in die Tiefe stürzte. Peter wartete immer bis zum allerletzten Moment, ehe er ihn eine Handbreit über den Wellen und den weit aufgerissenen Haifischmäulern wieder auffing. Wendy konnte gar nicht hinsehen.

„Da! Da ist es! Da ist Nimmerland!" Peter Pan zeigte nach vorn.

Am Horizont sahen sie einen kleinen grünen Punkt im Meer, der schnell größer wurde.

„Ab hier wird es gefährlich. Die Piraten haben eine riesige Kanone, mit der sie mich abschießen wollen", warnte Peter seine Begleiter.

„Aber warum denn?", fragte Wendy besorgt.

„Weil sie mich hassen. Ich habe schon Hunderte von ihnen über die Klinge springen lassen." Peters Arm zischte wie ein Degen durch die Luft.

„Wirklich?" Michael und John starrten ihn bewundernd an.

„Glaubt ihr mir etwa nicht?", fragte Peter beleidigt. „Ihrem Hauptmann, dem gefürchteten Käpt'n Hook, habe ich die rechte Hand abgeschlagen."

„Der Ärmste", seufzte Wendy.

„Von wegen! Da, wo seine Hand war, trägt er jetzt einen Haken aus Eisen. Der macht ihn noch viel gefährlicher", erklärte Peter, als wäre es das Natürlichste von der Welt.

Sie waren jetzt schon so nah, dass sie den Strand, die Wälder und sogar ein paar Indianer auf Kriegspfad erkennen konnten.

Rums! Ein gewaltiger Knall wirbelte die
Kinder mit einem Mal durcheinander und
zerstreute sie in alle Himmelsrichtungen.
Die Piraten hatten ihre riesige Kanone
Long Tom abgefeuert, und sie hatten gut
gezielt.

Als sich der Pulverdampf verzogen hatte,
war Wendy ganz allein. Direkt unter ihr
lag Nimmerland. Zwischen den Bäumen
blinzelte eine Lichtung hervor.

Wendy konnte schon fast die obersten Blätter der Bäume berühren, als ihr ein stechender Schmerz durch die Brust fuhr. Bewusstlos stürzte sie auf das weiche Moos des Waldbodens.

Die Nixenlagune

„Getroffen! Ich hab getroffen", trällerte
Tootles stolz. Er war der beste
Bogenschütze der Verlorenen Jungs.
Als er vor Wendy stand, hörte er auf zu
singen. Wie tot lag das Mädchen vor
ihm. Die Verlorenen Jungs bildeten einen
engen Kreis um sie.

„Das ist gar kein Vogel, das ist eine
Dame", rief Slightly entsetzt.
Das alles war Tinker Bells Schuld! Sie
war schrecklich eifersüchtig auf Wendy.

Darum war sie schnell vorausgeflogen und hatte den Verlorenen Jungs eingeredet, Wendy sei ein Vogel und Peter hätte befohlen, ihn zu jagen. Tinker Bell war zwar eine Fee – aber keine gute. Sie war launisch, selbstsüchtig, und fluchen konnte sie auch! Schlimmer als der schlimmste Seeräuber.

„Bestimmt hat Peter die Dame mitgebracht, damit sie sich um uns kümmert wie eine Mutter", sagte Curly traurig.

Tootles war nun überhaupt nicht mehr stolz, dass er Wendy mit seinem Pfeil getroffen hatte. Was würde Peter sagen? Da hörten sie auch schon das laute Kikeriki, mit dem er seine Rückkehr ankündigte. Ängstlich erzählten ihm die Jungen, was passiert war.

„Du hinterhältige Motte!", rief Peter böse

und schubste Tinker Bell von seiner
Schulter, wo sie am liebsten saß. „Ich will
dich nie, nie, nie wiedersehen!"
Die Fee flatterte ihm um die Nase und fing
an, herzzerreißend zu heulen.

„Bitte, verzeih, es tut mir so leid", flehte
die Fee, bis Peter endlich weich wurde.
„Na gut, aber ich spreche mindestens eine
Woche kein Wort mehr mit dir."
Aber auch das hatte er gleich wieder
vergessen. Peter konnte sich nie lange an
etwas erinnern.
„Guckt mal! Die Dame bewegt sich!", rief
plötzlich Nibs.

Tootles Pfeil hatte Wendy nicht getötet!
Er war an einer Eichel abgeprallt, die
Wendy an einer Kette unter ihrem Hemd
trug. Peter hatte sie ihr geschenkt und nun
hatte die Eichel ihr das Leben gerettet.
„Worauf wartet ihr?", fragte Peter. „Helft
ihr ins Haus!"
In diesem Moment stolperten auch
Michael und John auf die Lichtung. Sie
waren nach dem Kanonenschuss lange
durch den Wald geirrt und fielen ihrer
Schwester erleichtert in die Arme.

Schnell hatte sich Wendy von ihrem Sturz erholt. Für sie alle begann eine glückliche Zeit. Sie lebten fast wie eine richtige Familie zusammen. Wendy kümmerte sich um die Verlorenen Jungs wie eine Mutter. Sie tröstete sie, wenn sie sich wehgetan hatten, sie flickte ihre zerrissenen Hosen und erzählte ihnen abends eine Gutenachtgeschichte.

Eines Nachmittags badeten sie alle gemeinsam in der Nixenlagune, als es über dem Wasser mit einem Mal stockfinster wurde. Peter Pan und seine Freunde wussten, was das bedeutete: Piraten waren in der Nähe. So schnell sie konnten, gingen sie hinter einem Felsen in Deckung.

Kurz darauf ruderten Smee und Starky heran, zwei von Käpt'n Hooks übelsten Gefährten. Sie hatten eine Gefangene dabei. Es war Tiger Lilly, die Indianer-Prinzessin. Die Piraten legten am Matrosenfelsen an und banden Tiger Lilly am Stein fest.

Bei Ebbe war der Fels trocken. Doch wenn die Flut kam, versank er völlig im Wasser. Dann musste die Prinzessin ertrinken! Peter zögerte nicht lange. Er holte tief

Luft und brüllte: „Lasst sie gehen! Ich hab
es mir anders überlegt." Dabei ahmte er
Hooks Donnerstimme nach. Peter war ein
Meister darin, Stimmen und Geräusche
nachzumachen.

„Wie bitte?", rief Smee verwirrt.

„Der Käpt'n ist uns gefolgt. Er steckt
irgendwo da draußen und beobachtet
uns", raunte Starky und zeigte auf die
finstere Lagune.

„Was ist? Habt ihr nicht gehört? Oder
wollt ihr meine Eisenkralle spüren, ihr
nichtsnutzigen Rollmöpse?", drohte
Hook – also Peter – den beiden Piraten.

Gehorsam lösten Smee und Starky die Fesseln. Tiger Lilly sprang ins Wasser und schwamm blitzschnell davon. Peter musste sich die Hand fest vor den Mund pressen, um über die Dummheit der Piraten nicht laut loszulachen.

„Wo zum neunarmigen Kraken ist die Prinzessin hin?", dröhnte plötzlich eine tiefe Stimme über das Wasser. Es war Käpt'n Hook und diesmal war er es wirklich. Mit kräftigen Zügen schwamm er auf den Felsen zu.

„Ihr habt doch gerade gesagt, wir sollen sie freilassen, Käpt'n", erwiderte Smee völlig durcheinander.

„Ihr verblödeten Flachflundern! Ihr habt
euch von Peter Pan hereinlegen lassen!",
brüllte Hook außer sich vor Wut.
In diesem Augenblick stürzten die
Verlorenen Jungs auf die Piraten los.

Das Wasser spritzte, als tobte eine Horde
Nilpferde durch die Lagune. Während
sich die Verlorenen Jungs um Smee und
Starkey kümmerten, nahm sich Peter den
Käpt'n vor. Im Kampf Mann gegen Mann
waren die beiden gleich stark: Was der
eine an Kraft hatte, machte der andere mit
Schnelligkeit wieder wett.

Nur eine einzige Sekunde passte Peter
nicht auf – und prompt erwischte ihn
Hooks scharfe Eisenkralle am Bein. Vor
Schmerz ließ Peter seinen Dolch fallen.
Über Hooks Gesicht glitt ein böses
Lächeln. Er holte aus, um Peter endgültig
zu vernichten – als in der Lagune ein
leises, stetiges „Ticktack" erklang.
Es war das Krokodil. Als Peter damals
Hooks rechte Hand abgeschlagen
hatte, war sie ins Wasser
gefallen. Genau vor die
Schnauze des Krokodils. Die
Hand hatte ihm so gut
geschmeckt, dass das
Krokodil
nun auch
den Rest
des Piraten

fressen wollte und ihn seitdem unaufhörlich verfolgte. Doch Hook hatte Glück. Denn im Magen des gefräßigen Tiers ruhte nicht nur seine Hand, sondern auch ein alter Wecker. Das Krokodil konnte sich daher niemals unbemerkt an seine Beute heranschleichen. Immer verriet es das ewige Ticken des Uhrwerks. So auch jetzt. Hook ließ sofort von Peter ab und machte, dass er mit seinen Männern davonkam. Auch die Verlorenen Jungs flüchteten sich ans Ufer – alle bis auf Peter und Wendy.

Die beiden waren zu schwach, um zu schwimmen. Mit letzter Kraft retteten sie sich auf den Matrosenfelsen, der schon tief im Wasser versunken war. Die Flut stieg stetig. Bald würden sie ertrinken. Sie saßen ganz eng beisammen, als ein großer Papierdrachen an den Felsen getrieben wurde. Michael hatte ihn vor ein paar Tagen gebastelt und war sogar damit geflogen.

„Nimm du ihn. Uns beide kann er nicht tragen", sagte Peter. Ehe Wendy widersprechen konnte, hatte er sie mit einem Lebewohl vom Felsen gestoßen. Der Wind ließ den Drachen schnell in die Höhe steigen und brachte Wendy sicher zurück an Land.

Peter war allein. Es war bitterkalt und unheimlich still in der Lagune, abgesehen von ein paar Nixen, die den Mond anriefen. Peter zitterte. Er hatte Angst und war gleichzeitig furchtbar neugierig, wie es wohl sein würde zu sterben.

Der Angriff der Piraten

Das Wasser stand Peter schon bis zu den
Schultern, als er etwas auf sich zutreiben
sah. Es war der Nimmervogel in seinem
schwimmenden Nest. Peter hatte ihm
einmal geholfen, und nun wollte sich der
Vogel bedanken. Er flatterte auf und ließ
Peter Pan in seinem Nest ans rettende
Ufer paddeln.

„Hurra! Sie leben!", schrien die Verlorenen Jungs, als Peter und Wendy zusammen im Haus unter der Erde ankamen. Sie hatten sich grauenhafte Sorgen gemacht und wollten von Wendy gleich eine beruhigende Gutenachtgeschichte hören. „Jeden Abend lässt unsere Mutter das Fenster im Kinderzimmer weit, weit offen, damit wir nach Hause können, wann immer wir wollen", begann Wendy. „So ein Blödsinn", mischte sich Peter ein, der die Geschichte nicht leiden konnte. „Ich bin auch mal nach Hause geflogen. Und was war? Das Fenster zu meinem alten Zimmer war verriegelt und in meinem Bett schlief ein fremder Junge." Wendy bekam einen gewaltigen Schreck. Was, wenn auch in ihrem Bett ein fremdes Mädchen lag? „Wisst ihr was?", rief sie und nahm ihren

Mantel. „Lasst uns zu mir nach Hause fliegen! Ihr könnt alle bei uns wohnen."
Die Jungen waren sofort begeistert. Alle außer einem.
„Geht ihr nur. Ich bleibe hier in Nimmerland!", erklärte Peter Pan, als würde ihm das gar nichts ausmachen.
„Tinker Bell kann euch den Weg zeigen. Nicht wahr, Tinker Bell?"

Die Fee machte vor Freude einen glitzernden Salto in der Luft. Sie konnte sich nichts Schöneres vorstellen, als Wendy endlich loszuwerden.

„Komm doch mit, Peter, das wird lustig", versuchte Wendy ihn zu überreden. Aber Peter hatte keine Lust.
Die Verlorenen Jungs drängten schnell zum Aufbruch. Natürlich hatten sie ein schlechtes Gewissen, Peter allein zurückzulassen. Doch die Aussicht auf eine richtige Familie war einfach zu verlockend.

„Denkst du auch an deine Medizin?" Wie eine Mutter hatte Wendy immer darauf geachtet, dass Peter regelmäßig seinen Stärkungstrunk nahm.

„Versprochen. Und jetzt verschwindet endlich", rief Peter trotzig. Er wollte sie alle schnell loswerden, damit sie nicht sahen, wie traurig er war.

In diesem Moment erklang von draußen der Lärm eines grausamen Gefechts. Als Dank für die Befreiung ihrer Prinzessin Tiger Lilly bewachten die Indianer das Haus unter der Erde. Sie alle wussten, dass sich Hook für Peters Streich in der Nixenlagune rächen würde. Jetzt war es so weit. Die Piraten griffen an.

Unten lauschten Peter, Wendy und die Jungen gespannt, wie sich die Schlacht entwickelte. Mit einem Mal war es oben gruselig still. Der Kampf war entschieden.

Aber wer hatte gewonnen?

Endlich hörten sie die Trommeln der Indianer, die sie zum Zeichen des Sieges schlugen.

„Hurra, die Piraten sind besiegt!", riefen die Jungen glücklich. Schnell verabschiedeten sie sich von Peter und kletterten mit Wendy nach oben.

„Hab ich euch!" Hook und seine gemeinen Gefährten warteten dort schon auf sie. Im Nu waren sie alle gefesselt und geknebelt. Die Piraten hatten die Indianer besiegt, und Hook hatte heimtückisch die Trommeln schlagen lassen, um die Kinder zu täuschen.

„Einer fehlt noch!", rief der Käpt'n, als er
seine Gefangenen zählte. „Peter Pan!
Wartet, den werde ich mir selbst holen."
Vorsichtig ließ sich Hook hinunter.
Beinahe blieb er in der engen Röhre
stecken. Ihm war nicht ganz wohl bei
der Sache. Was, wenn Peter unten mit
gezücktem Säbel auf ihn wartete und ihn
in den Po piekste?
Doch Peter wartete nicht. Er hatte sich
plötzlich sehr einsam gefühlt und war auf
seinem Bett eingeschlafen.
Dort schnarchte er nun
leise vor sich hin.
Fast tat er Hook
leid. Aber nur
fast. Der Käpt'n
war zu groß
und zu breit,
um Peter

einfach zu schnappen. Er passte nicht durch die kleine Tür, die den Zugang zur unterirdischen Höhle freigab. Sein Arm aber war lang genug, um fünf Tropfen eines tödlichen Giftes in die Tasse mit Peters Medizin zu träufeln.

Zufrieden kehrte Hook zurück auf sein Schiff. Dort prahlte er stolz mit seiner gemeinen Tat – und bemerkte nicht, dass hinter einem der Segel eine kleine Fee jedes seiner Worte belauschte und vor Schreck beinahe eine Bruchlandung im Meer machte.

Peter schwört Rache

Peter erwachte erst, als Tinker Bell mit
ihren Fäustchen auf ihn eintrommelte.
„Wach auf, wach auf!", rief die kleine
Fee aufgeregt. „Hook hat Wendy und die
Jungs entführt! Sie sind alle auf seinem
Schiff!"

„Entführt? Dann werde ich sie retten!"
Peter sprang sofort auf und griff nach
seinem Dolch. Da fiel sein Blick auf die
Tasse mit der Medizin. Peter, der sich
selten an irgendwas erinnerte, erinnerte
sich an sein Versprechen.

„Nicht trinken! Hook hat sie vergiftet!",
schrie Tinker Bell.

„Sei nicht albern. Wie sollte er hier
hereingekommen sein?" Peter setzte die
Tasse an die Lippen.

Tinker Bell blieb keine Zeit, irgendetwas
zu erklären. Sie steckte ihren Kopf in die
Tasse und trank alles in einem Zug leer.
Bis auf den letzten Tropfen.

„He! Bist du verrückt geworden? Was soll
das?", rief Peter wütend.

„Deine Medizin war vergiftet und jetzt
werde ich sterben." Die kleine Fee
taumelte durch die Luft.

„Du hast sie getrunken, um mich zu retten? Warum?", fragte Peter.

„Dummkopf", hauchte Tinker Bell. Ihr Glanz wurde von Sekunde zu Sekunde blasser. Sie schaffte es gerade noch in ihre kleine Kammer, wo sie sich auf ihr winziges Sofa sinken ließ.

Ihr blieb nicht mehr viel Zeit. Wenn ihr Glitzern vollständig erloschen war, war es aus mit ihr. Tinker Bell konnte nur noch flüstern: „Nur wenn es auf der Welt Kinder gibt, die an Feen glauben, kann ich weiterleben."

Peter war verzweifelt. Was sollte er tun?
Im Haus unter der Erde gab es außer ihm
keine Kinder. Aber vielleicht anderswo ...
„Wenn ihr an Feen glaubt, dann klatscht in
die Hände, damit Tinker Bell euch hören
kann!", brüllte er, so laut er konnte.
Peter Pan und Tinker Bell
lauschten.
Zuerst passierte gar nichts.
Alles blieb still.
Dann aber vernahmen
sie Händeklatschen, das
aus weit, weit entfernten
Kinderzimmern überall
auf der Welt zu ihnen
drang. Erst ganz leise, dann immer
lauter und stürmischer. Tinker Bell war
gerettet! Übermütig sprang sie aus ihrem
Bett und sauste lachend durch das
Zimmer, als wenn nichts gewesen wäre.

„Und jetzt befreien wir Wendy und die Jungs!", rief Peter Pan.

Sie schlichen sich durch den Wald zum Strand. Wären sie geflogen, hätten sie die schlafenden Vögel aufgescheucht, und das hätte sie verraten. Während er über den Waldboden robbte, rief Peter ununterbrochen: „Ticktack, ticktack!"

Alle Geschöpfe des Waldes, die guten
und die bösen, ließen ihn unbehelligt
ziehen. Sie hielten ihn für das Krokodil,
das Hooks Hand und den Wecker
verschlungen hatte.

Sie alle wussten ja nicht, dass das
Uhrwerk des Weckers ausgerechnet in
dieser Nacht abgelaufen war und das
Krokodil keinen Ton mehr von sich gab.
Müde lag es in einer dunklen Ecke des
Waldes. Als Peter „Ticktack!" rufend an
ihm vorbeikam, kroch es ihm einfach
hinterher – so sehr hatte es sich an das
ewige Ticken gewöhnt.

Peter erreichte den Strand, ohne das Krokodil hinter sich zu bemerken. In der Bucht ankerte die Jolly Rogers, Hooks Piratenschiff, das auf allen sieben Meeren und noch vielen anderen gefürchtet wurde. Peter zückte seinen Dolch und lächelte.

„Diesmal gilt es: Hook oder ich!", flüsterte er und kreuzte die Finger zum Schwur.

Der letzte Kampf

An Bord der Jolly Rogers lief Hook
ruhelos vom Heck zum Bug und wieder
zurück. Er hatte seinen größten Feind
besiegt, aber glücklich war er nicht. Fast
war es, als würde Peter Pan ihm fehlen.
Mit einem Ruck blieb er stehen und
brüllte: „Bringt die Gefangenen her!"
Die Piraten schleppten Wendy und die
Verlorenen Jungs an Deck.

„Ich mache euch ein einmaliges Angebot:
Schließt euch uns an und werdet Piraten
wie wir!", lockte Hook die Jungen.
Sie zögerten. Piraten führten ein
abenteuerliches Leben, aber keiner von
ihnen wollte gemeinsame Sache mit Hook
machen.
„Selbst schuld!", schrie der Käpt'n wütend.
„Bindet das Mädchen an den Mast. Es
soll zusehen, wie seine Freunde über die
Planke gehen!"
Die Piraten fesselten Wendy und schoben
ein Brett über die Reling. Es endete
direkt über dem Meer, wo die Haie schon
hungrig warteten.

Wendy zitterte vor Wut. Nun gab es keine Rettung mehr. „Zeigt ihnen, wie man mit Würde stirbt", rief sie stolz.

Die Jungen wollten Wendy gern diesen letzten Gefallen tun, obwohl sie alle schreckliche Angst hatten. Sie versuchten ganz tapfer zu sein, als plötzlich ganz in der Nähe ein scheußlich vertrautes Geräusch ertönte: „Ticktack, ticktack!"

„Hilfe! Das Krokodil!", schrien die Piraten entsetzt. Hook und seine Gefährten rannten kreuz und quer über das Schiff auf der Suche nach einem sicheren Versteck.

Hook selbst sprang kopfüber in ein leeres Heringsfass, das auf dem Deck herumstand.

Doch es war nicht das Krokodil, das kurz darauf an Bord kletterte. Es war

Peter. Er gab Wendy und den Jungen
ein Zeichen, ihn nicht zu verraten, und
verschwand in der Kajüte.

Als kein Ticken mehr zu
hören war, wagten
sich die Piraten
einer nach dem
anderen aus ihren
Schlupflöchern.

„Es ist weg!", sagte Smee erleichtert.
„Sollen wir die Jungen jetzt über die
Planke schicken?"

„Ich habe eine bessere Idee", grinste
Hook heimtückisch. „Holt die Peitsche aus
der Kajüte!"

Jukes, einer von Hooks Piraten, machte
sich auf den Weg. Die Jungen schauten
sich entsetzt an. Peter war in der Kajüte!
Da ertönte auch schon ein kurzer, heller
Schrei. Dann war es wieder still.

„Sieh nach, was los ist!" Hook schickte
einen anderen Piraten hinterher. Zitternd
kam er zurück an Deck.

„Jukes ist tot", stammelte der Pirat. „Da
unten ist irgendetwas Unheimliches und
macht Kikeriki."
Natürlich wussten die Jungen sofort, was
geschehen war. Die Piraten aber hatten
keine Ahnung, dass Peter Pan dort unten
saß und auf sie wartete.
„Sollen doch die Kinder runtergehen.
Wenn sie das Kikeriki töten, gut so. Wenn

es sie tötet, auch gut!", rief Hook mit böse funkelnden Augen.

Michael, John und die anderen Jungen wimmerten um Gnade, als die Piraten sie in die Kajüte schubsten. Sie taten so, als ob sie sich schrecklich vor dem Kikeriki fürchteten.

Peter nutzte die Aufregung an Bord.

Ungesehen kletterte er durch ein Fenster aus der Kajüte zurück an Deck und schlich sich zu Wendy. Schnell befreite er sie von den Fesseln, schlüpfte in ihren Mantel und stellte sich selbst an den Mast.

„Das alles kommt nur davon, dass eine Frau an Bord ist. Schmeißt das Mädchen über Bord", rief Hook, der schrecklich abergläubisch war.

Da ließ Peter Pan seine Verkleidung fallen und rief laut: „Kikeriki!"

Das war das Zeichen für die Verlorenen Jungs. Mit den Waffen, die sie in der Kajüte gefunden hatten, stürzten sie sich auf die Seeräuber.

Die Piraten waren viel zu überrascht, um sich wehren zu können. Schnell waren Smee, Starky und der Rest der Bande überwältigt, bis nur noch Hook übrig blieb.

„Halt! Der gehört mir!", rief Peter Pan. Hook und Peter waren beide ausgezeichnete Fechter. Sie jagten sich mit klirrenden Klingen über das ganze

Schiff, hoch in die Masten und wieder zurück, runter in die Pulverkammer und rauf aufs Achterdeck. Mal war Hook im Vorteil, dann wieder Peter Pan. Atemlos verfolgten Wendy und die Jungen das letzte Duell der beiden Todfeinde. Rot glühten ihre Waffen, so heiß tobte der Kampf hin und her.

Da versuchte Hook, Peter mit seinem
Eisenhaken zu treffen. Doch Peter
duckte sich geschickt zur Seite und stieß
blitzschnell mit seinem spitzen Dolch zu.
Er hatte getroffen. Ungläubig starrte der
Käpt'n auf das Blut, das durch sein Hemd
sickerte. Hook war besiegt. Benommen
taumelte er über Deck und hieb
nur noch ziellos um sich.
Am Ende gab ihm
Peter einfach einen Tritt
in den Hintern. Hook
stürzte über die Reling
ins Meer, wo das Krokodil
schon auf ihn wartete.
Für einen Moment war
Hook überrascht, es dort
zu treffen. Er hatte ja
gar kein Ticken

gehört. Dann verschlang ihn das Krokodil
mit einem einzigen Happs.

Hook war geschlagen und Peter Pan der
neue Kapitän der Jolly Rogers.

Die Heimkehr

Stolz liefen die Verlorenen Jungs über das Deck der Jolly Rogers und warfen sich die übelsten Beschimpfungen an den Kopf. Sie dachten, das wäre unter Piraten so üblich. Peter Pan war der Schlimmste von allen. Er hatte sich verkleidet und sah aus wie ein richtiger Seeräuber-Hauptmann. Fast tat es ihm leid, dass er seine rechte Hand noch besaß und keinen Haken wie Hook hatte.

Nur Wendy hatte keine Freude an dem Spiel. Sie konnte nicht vergessen, was Peter im Haus unter der Erde erzählt hatte. Ob das Fenster in ihrem Kinderzimmer wohl noch offen stand? Entschlossen trat sie vor Peter, der mit Michael und John auf einem Pulverfass saß, und verkündete: „Ich will nach Hause!"

„Aber wir wollen noch ein bisschen Piraten spielen", beschwerten sich Michael und John.

Wendy duldete keinen Widerspruch. Zu groß war ihre Sorge, dass sie sonst vielleicht nie wieder zu ihren Eltern zurückkehren konnten.

„Meinetwegen, wenn das so ist, bringe ich euch eben wieder zurück", erklärte Peter Pan großzügig.

„Jetzt sofort", drängelte Wendy.

Auf ihrem Rückflug sauste Peter gemeinsam mit Tinker Bell voraus.

Sein Plan war es, das Fenster – falls es tatsächlich offen stand – mit eigenen Händen zu schließen, ehe Wendy und ihre Brüder ihr Zuhause erreichten. Peter hatte nur so getan, als sei es ihm völlig gleichgültig, ob Wendy ging oder nicht. In Wahrheit wollte er, dass sie für immer bei ihm und den Verlorenen Jungs in Nimmerland blieb.

Wendys Mutter stand wie jeden Abend am offenen Fenster und wartete traurig auf ihre Kinder. Sie war sich ganz

sicher, dass sie eines Tages zurückkehren
würden.

Peter saß mit Tinker Bell in einem hohen
Baum gegenüber. Zuerst wartete er nur
ungeduldig darauf, dass sie endlich
verschwand. Doch je länger er sie
beobachtete, desto mehr tat sie ihm leid.

Als sie schließlich ins Bett ging, brachte er
es nicht mehr übers Herz, das Fenster zu
schließen.

„Das war eh ein blöder Plan", schimpfte
Tinker Bell. Die kleine Fee war ziemlich
erleichtert, Wendy endlich loszuwerden.

Kurz darauf landeten Wendy und ihre Brüder auf der Fensterbank. Todmüde krochen sie in ihre Betten und schliefen auf der Stelle ein. Fast so, als wären sie nie fort gewesen.

Als ihre Mutter am nächsten Morgen in das Zimmer kam, sah sie ihre Kinder träumend unter den Decken liegen. Vor Freude schrie sie so laut auf, dass Wendy, Michael und John erwachten.

Sofort stürzten sie sich in die Arme ihrer
Mutter.
Sie umarmten, küssten und herzten sich,
und alle waren glücklich, endlich wieder
zusammen zu sein.

Peter Pan aber hockte noch immer
draußen in dem hohen Baum. Der Junge,
der nie erwachsen wurde, erlebte jeden
Tag die fantastischsten Abenteuer, doch
in diesem Moment war er auf diesen
besonderen Augenblick unvorstellbar
neidisch.

James M. Barrie und „Peter Pan"

James Matthew Barrie wurde 1860 in Schottland
geboren. Er hatte sechs Schwestern und drei
Brüder. Ihre Mutter achtete sehr darauf, dass sie
viele Bücher lasen. Oft erzählte sie den Kindern
vor dem Einschlafen spannende Geschichten
von Piraten.
Einer von James' großen Brüdern hieß David.
An seinem vierzehnten Geburtstag passierte ein
schrecklicher Unfall: David brach beim Eislaufen
ein und ertrank.
Seine Mutter kam nie darüber hinweg. Sie
suchte Trost in der Vorstellung, dass ihr Sohn
von nun an immer ein Junge bleiben würde.
Nie würde er erwachsen werden und von ihr
weggehen.
Den damals sechsjährigen James beeindruckte
dies sehr. Er hörte irgendwann auf zu wachsen
und wurde nie viel größer als einen Meter
fünfzig, so groß etwa wie ein Zwölfjähriger. Mit
dreizehn verließ James sein Heimatdorf und ging
auf ein Internat. Er liebte das Theater, war in der
Schule jedoch auch wegen seiner Körpergröße
eher ein Außenseiter.

Nach dem Studium zog er nach London.
Dort machte er sich bald einen Namen als
Schriftsteller und fand gute Freunde.
„Peter Pan" wurde zunächst als Theaterstück
aufgeführt, erst später machte Barrie einen
Roman daraus.
James M. Barrie war bis über den Tod hinaus ein
großer Kinderfreund. Als er 1937 starb, schenkte
er alle englischen Rechte an „Peter Pan" einem
Londoner Kinderkrankenhaus.

Rüdiger Bertram ist freier Autor und
Journalist. Er schreibt Drehbücher
und Kinderbücher, unter anderem die
Abenteuer des Wikingermädchens „Trixi".
Aus seiner Feder stammen auch die Abenteuer
des Leseraben höchstpersönlich!

Rolf Bunse hat für den Ravensburger
Buchverlag schon zahlreiche Bücher
illustriert. Seine vielseitigen Bilder führen
den Leser vom Fußballplatz mitten in den
Wintermärchenwald, vom Pausenhof direkt nach
Nimmerland!

Ravensburger Bücher

Lesen lernen mit Spaß!
In drei Stufen vom Lesestarter zum Überflieger

ISBN 978-3-473-**36437**-4

ISBN 978-3-473-**36438**-1

1. Lese-stufe

ISBN 978-3-473-**36440**-4

ISBN 978-3-473-**36441**-1

2. Lese-stufe

ISBN 978-3-473-**36442**-8

ISBN 978-3-473-**36444**-2

3. Lese-stufe

Auf geht's ins Lese-Abenteuer!

Ravensburger

www.leserabe.de

ERZ_14_000